Ulrich Knellwolf · Rede, Christenmensch!

T0153697

T V Z

Ulrich Knellwolf

Rede, Christenmensch!

Wie den reformatorischen Kirchen
die mündigen Christen abhandenkamen,
und dass die Predigt nur soll, was sie kann

TVZ
Theologischer Verlag Zürich

Gedruckt mit freundlicher Unterstützung der Stiftung Verband der stadtzürcherischen evangelisch-reformierten Kirchgemeinden.

Der Theologische Verlag Zürich wird vom Bundesamt für Kultur mit einem Strukturbeitrag für die Jahre 2016–2018 unterstützt.

Bibliografische Informationen der Deutschen Nationalbibliothek
Die Deutsche Nationalbibliothek verzeichnet diese Publikation in der Deutschen Nationalbibliografie; detaillierte bibliografische Daten sind im Internet über http://dnb.dnb.de abrufbar.

Umschlaggestaltung
Simone Ackermann, Zürich
unter Verwendung der Radierung «Der Weg» von Franz Anatol Wyss
© Franz Anatol Wyss

Druck
Rosch Buch GmbH, Schesslitz

ISBN 978-3-290-17903-8
© 2017 Theologischer Verlag Zürich
www.tvz-verlag.ch

Alle Rechte, auch die des auszugsweisen Nachdrucks, der fotografischen und audiovisuellen Wiedergabe, der elektronischen Erfassung sowie der Übersetzung, bleiben vorbehalten.

Inhalt

Zweiter Teil: Mündigkeitsgewinn

Vorwort

Dieses kleine Buch versucht, den Gründen eines grossen Scheiterns auf die Spur zu kommen. Man kann es das Scheitern der reformatorischen Kirchen an der Prophetie nennen. Genauerhin ist es ihr Scheitern am eigenen, zutiefst biblischen Anspruch, der mit der Übersetzung der Bibel in die Volkssprache und der Lehre vom allgemeinen Priestertum deklariert ist. Er heisst: Mündigkeit der Glaubenden, und er stellt uns vor die Aufgabe, theologisch präzis zu bestimmen, in welchem Verhältnis das Wort der einzelnen Christenmenschen und das Wort derer, die zur Predigt ausgebildet und beamtet sind, zueinander stehen. Dass diese Aufgabe bis heute nicht gelöst ist, manifestiert sich in der die reformatorischen Kirchen seit den Anfängen begleitenden latenten Krise ihres zentralen Stücks, der Predigt.

«Dem Volk auf das Maul sehen.» Auch insofern ist Luthers Ratschlag beherzigenswert weil aufschlussreich, als er darauf zu achten heisst, wie «das Volk» sprichwörtlich von der Predigt redet. Wer eine «Predigt» über sich ergehen lassen muss, auch wenn sie nicht ausdrücklich Kapuziner- oder Gardinenpredigt genannt wird, weiss, was eine Kopfwäsche ist. Wer «angepredigt» wird, muss eine Durststrecke erdauern, in der doktrinär und entsprechend weltfremd, langweilig und moralisierend an der Hörerschaft vorbeigeredet wird. Wer als Vortragender «predigt», salbadert und drischt leeres Stroh.

Warum gelingt es der Predigt nicht, sich in der Umgangssprache einen besseren Ruf zu erwerben und aus dem Schatten von moralisierender Gesetzlichkeit, Weltfremdheit, leerem Pathos und Langeweile hinauszutreten? Sind es nur Folgen fehlenden Talents, mangelnder Schulung, eines Stubenhockerhorizonts derer, die predigen? Wenn eine Einrichtung von Anfang an so viel Flankenschutz und Beschwörung braucht wie die öffentliche gottesdienstliche Rede, dann stimmt nicht nur mit ihren Akteuren etwas nicht. Ist die Predigt vielleicht etwas anderes, als das, wofür sie ausgegeben und gehalten wird?

Die Frage beschäftigt mich, seit ich predige, also seit rund fünfzig Jahren. Weiss ich, was die Predigt kann und soll? Erwarten wir, Predigerinnen, Prediger wie Hörerinnen und Hörer, weil wir's nicht genauer wissen, zu viel, zugleich zu wenig und zu Heterogenes – und also schliesslich alles und nichts von der Predigt?

Eines schönen Tages glaubte ich, den Stein der Weisen gefunden zu haben. Er hiess Narration. Man muss erzählen! Schliesslich erzählt die Bibel in grossen Teilen auch. Erzählung fordert zum Erzählen auf und dient damit der Mündigkeit der Hörenden. Also wandte ich mich dem grössten erzählenden Theologen mindestens der schweizerischen reformierten Kirche zu, Jeremias Gotthelf. Bei der Arbeit am Buch über ihn merkte ich, dass mein Stein der Weisen auch seiner gewesen war, aber nur anfänglich. Bald wurde Gotthelf klar, dass die Sache komplexer ist. Mit unerhörtem Aufwand und nicht nachlassendem Entdeckereifer liess er sich, Romane und Erzählungen schreibend, darauf ein, bis er den Durchblick gefunden hatte und in *Anne Bäbi Jowäger* formulieren konnte. Diesen halte ich für einen eminent wichtigen Beitrag zu einer Lösung der chronischen Predigtkrise der reformatorischen Kirchen. Er ist Gegenstand des zweiten Teils und besteht, kurz gesagt, aus der engen Verzahnung von allgemeinem Priestertum, gegenseitiger Auslegung von Bibel und Leben und theologisch verantworteter Verbindung von erzählender und argumentierender Rede von Gott als Fundament des Glaubens, der Vertrauen aufgrund erfahrener Treue ist.

Der erste Teil dieses Buches versucht, das Werden des Zürcher Täufertums als Manifestation einer reformatorischen Predigtkrise und des drohenden Verlustes allgemeiner christlicher Mündigkeit zu verstehen. Darin sind vier früher entstandene Texte eingebaut, die sich alle darauf beziehen.

Aus Ärger darüber, dass wir Reformationsjubiläen zu Jubel- und kirchlichen Selbstbestätigungsfeiern verkommen lassen, schrieb ich im Jahr von Zwinglis fünfhundertstem Geburtstag das Hörspiel *Zwinglis Nacht*. Es handelt in der Nacht auf den 5. Januar 1527, an dem bei Morgengrauen in Zürich der Täufer Felix Manz in der Limmat ertränkt wurde.

Im Vorfeld des Reformationsjubiläums von 2017 entstanden als Auftragsarbeiten zwei kleinere Texte.

Der eine hat das Wurstessen im Haus des Zürcher Buchdruckers Christoffel Froschauer am ersten Fastensonntag des Jahres 1522 zum Thema. Der Komponist und Pianist Edward Rushton und der Saxofonist Harry White wollten dazu einen Kantatentext haben, den ich mit Vergnügen schrieb. Dabei entdeckte ich, dass zwei geräucherte Würste theologisch bedeutungsvoller sein können, als man erwarten würde.

Nicht weniger Vergnügen bereitete mir der Auftrag von VDM Käthi Koenig, für das von ihr redigierte Zürcher Heft *Orte der Reformation* eine kurze Geschichte zu verfassen und darin einen Blick von unten in die Zürcher Reformation zu tun. Der Zolliker Bauernsohn und Zürcher Schuhmacher Klaus Hottinger fiel mir dazu ein, der beim Fastenbruch dabei war und Mitglied des Lesezirkels um den Buchhändler Andreas Castelberger wurde. Im Herbst 1523 legte er – nicht ohne es vorher dem Besitzer abgekauft zu haben – das Wegkreuz vor der Mühle in Stadelhofen um, in der Absicht, den Erlös aus dem Verkauf des Holzes an Arme zu verteilen. Für diesen ersten Zürcher «Bildersturm» wurde Hottinger aus Zürich verbannt und am 8. März 1524 in Luzern geköpft.

Die Recherchen zu diesen drei Texten führten mitten in die Jahre der Zürcher Reformation und der Entstehung des Täufertums, und die Frage drängte sich auf, was die Grundproblematik dieser Entzweiung sei, die insgeheim bis in die Gegenwart fortwirkt. Gotthelf lehrte mich, dass sie, zumindest auch, in der Differenz zwischen gelehrter und laienhafter Bibelauslegung und ihrer nicht gelungenen theologischen Koordination zu suchen ist.

Das bestätigte sich bei der Vorbereitung einer Rede, die mich in die frühe nachreformatorische Zeit führte, als eine Art Nachwehen der Täuferwirren Zürich noch einmal theologisch und politisch beunruhigten. Ich begegnete Bernardino Ochino, dem *Dialogi* verfassenden italienischen *theologus vagans*, und Ulrich Zwingli junior wieder, deren Schicksale mir schon zu denken gegeben hatten, als ich Pfarrer zu Predigern in Zürich und also entfernter Amtsnachfolger des Reformatorssohnes war.

Lisa Briner bin ich sehr dankbar, dass sie das Buch in das Programm des Theologischen Verlags Zürich aufgenommen hat, und fürs Lektorat.

Der Stiftung Verband der stadtzürcherischen evangelisch-reformierten Kirchgemeinden danke ich, dass sie mit einem Druckkostenzuschuss das Erscheinen des Buches ermöglicht.

Weil ohne sie bei mir nichts würde, gilt der grösste Dank Elsbet, meiner Frau.

Erster Teil

Mündigkeitsverlust

Zwinglis Anfang: Evangelium statt Lehrbrief

Zwingli begann seine Predigttätigkeit in Zürich mit einer fortlaufenden Auslegung des Matthäusevangeliums. Nicht des Römerbriefs, nicht des Galaterbriefs, auch nicht der Zehn Gebote, des Unservaters oder der Schöpfungs- und Sündenfallgeschichten. Zwingli begann mit der Auslegung des ersten Buchs des Neuen Testaments, das gleichsam als das Normalevangelium galt. Wer das Matthäusevangelium kennt, kennt «das Evangelium»; er kennt den Inhalt des Neuen Testaments, so wird es vorausgesetzt.

Das Unternehmen hat einen aufklärerischen Zug. Es geschieht auf der Kanzel, nicht in Büchern. Denn Zwingli ist Leutpriester, «Volkspriester» (Opitz, *Ulrich Zwingli*, S. 16). Er will der Gemeinde eine Einführung ins Neue Testament geben. Er will ihr die Tür zur Bibel aufstossen. Sie soll befähigt werden, mithilfe der Grundlage des «Normalevangeliums» sich in der Bibel zurechtzufinden und den Glauben durch die Lektüre weiterer biblischer Schriften zu vertiefen. Und: Der Christenmensch soll von seinem Glauben reden können. Denn Glauben und Reden vom Glauben gehören untrennbar zusammen.

Zwinglis Vorgehen entspricht mehr noch als dem des Matthäus- demjenigen des Markusevangeliums, das es deutlich darauf anlegt, dass Leser und Hörer weitererzählen können, was sie gelesen oder erzählt bekommen haben. Es steht im Dienst der Mündigkeit der Gemeinde.

Das zeigt sich an Zwinglis Verständnis von Predigt und ganzem Gottesdienst als Lehre; man schaue daraufhin seine gottesdienstlichen Gebete an, die eher eine Unterweisung zum Beten sind. Auch der Wechsel vom Messformular zu dem des oberdeutschen Wortgottesdienstes, das ursprünglich für den Sonntagnachmittag gedacht war und der Predigt die dominierende Stellung im Gottesdienst gibt, ist eigentlich nur zu erklären, wenn er als dienlich für die Unterweisung der Gemeinde gesehen wird, also im Zusammenhang der Bemühungen Zwinglis und seiner Freunde um die Zugänglichkeit der Bibel für das Volk.

Beachtenswert darum, dass Zwingli mit einem Evangelium einsetzt, einem primär narrativen, nicht mit einem argumentativen und katechismusartigen Text. Im Gegenteil. Er beginnt mit dem, was die Katechismen und vor ihnen schon die altkirchlichen Bekenntnisse und noch vorher die Briefe des Paulus und seiner Schüler weitgehend auslassen: das irdische Handeln und Reden Jesu. Es geht ihm – wie bewusst oder unbewusst auch immer – nicht um Überzeugung der Hörerschaft durch möglichst schlüssige Argumentation in der Entfaltung des «Wortes vom Kreuz», sondern um Schaffung von Vertrauen durch die Geschichten, die zum Kreuz Jesu führen.

Die Bibel war bis dahin ein den Laien verschlossenes, für die eigene Lektüre sogar verbotenes Buch. Gelesen wurden die biblischen Perikopen der Messliturgie, die längst nicht die ganze Bibel zur Sprache kommen liessen, lateinisch, dem grössten Teil der Hörerschaft unverständlich. Bilder auf Kirchenwänden und Altären, Kapitelle von Säulen stellten zwar biblische Szenen dar, aber nur für die, die die Geschichten schon kannten. Für alle andern redeten sie in Rätseln. Nun aber bekamen die Leute im Gottesdienst die biblischen Geschichten zu hören. Und zwar die des Matthäusevangeliums, des «vollständigsten» Evangelienbuches des Neuen Testaments. Durch die Predigt argumentierend interpretiert, akzentuiert, aber eben Geschichten. Sie waren die Hauptsache. Und sie waren leicht zu behalten und wiederzugeben. Das war «neue Zeitung» (Luther).

Sensationell, dass jetzt jedermann eingeladen war, den «Tempel» zu betreten. Die Schranken waren weg wie bei Jesu «Tempelreinigung». Der Vorhang, der das Allerheiligste, die Bibel, bisher verborgen hatte, war zerrissen wie bei Jesu Kreuzigung. Niemand, der nicht zu dem lebendigen Stein, zum Grundstein des Glaubens, hinzutreten durfte (1. Petrus 2,4). Der in Geschichten lebendig erzählte Jesus war der lebendige Grundstein des Glaubens.

Und der in Geschichten lebendig erzählte Jesus wollte nicht innerhalb der Kirchenmauern bleiben. Es gab etwas zu erzählen! Das drängte hinaus auf die Gassen, Plätze, Strassen der Stadt. Da standen die Leute nach dem Gottesdienst, streckten die Köpfe zusammen und erzählten einander und denen, die nicht dabei gewesen waren, was sie gehört hatten. Die Geschichten erzählten sie, durchsetzt von eigener Auslegung, mehr oder weniger angelehnt an die des Predigers. Von den Gassen, Plätzen und Strassen drangen die Geschichten in die Häuser. Wer weiss, wie mancher Vater, manche Mutter am Mittagstisch den Kindern und dem Gesinde erzählte, was sie und er in der Kirche gehört hatten. Am nächsten Sonntag waren die Kinder schon ungeduldig und riefen: Erzähl uns die Geschichte! Und die eigenen Geschichten der Leute wurden durchs Erzählen voll von Analogien zu den in der Kirche gehörten.

Erzählen können fast alle. Und gute Geschichten setzen sich auch gegen schlechte Erzähler durch, der springende Punkt einer Geschichte allermeist sogar gegen missverstehende Interpretation. Manche Auslegung, die da implizit mitlief, wird hanebüchen gewesen sein, so dass dem Theologen beim Zuhören die Haare zu Berg gestanden hätten. Aber wie wollte er's verhindern? Er musste es geschehen lassen im Vertrauen auf die sich durchsetzende Klarheit der Schrift, will sagen, im Vertrauen darauf, dass die Geschichte stärker sei als die Auslegung. Auch mit der Toleranz, dass eine Geschichte vielerlei Aspekte hat und mancherlei Interpretation zulässt, offensichtlich Falsches sich beim Erzählen aber auch selbst entlarvt.

Die Geschichten des Matthäusevangeliums, im Gottesdienst vorgelesen, erzählt und ausgelegt, wollten weiterkolportiert werden und verliehen die Fähigkeit dazu.

Hätte Zwingli mit dem Römerbrief angefangen, wäre es anders gekommen. Wer hätte den ausgelegten Text auf der Gasse und zu Hause wiedergeben können? Und wer wäre in der Lage gewesen, eine Zusammenfassung der Predigt für seine Kinder zu liefern so, dass sie die Kinder interessiert hätte und die sie hätten verstehen können?

Was hier anfing, drängte auf Mündigkeit jedes Christenmenschen und schuf sie. Und nötigte ganz im Sinn der erzählenden Evangelien dazu, die Bibel aus dem Hebräischen, Griechischen und Lateinischen in die Sprache des Volkes zu übersetzen. Denn Kinder und Gesinde daheim wollten noch mehr Geschichten hören. Und die durch Lesung und Predigt neugierig gemacht worden waren, wollten nicht bis zum nächsten Sonntag warten müssen. Sie wollten selber lesen, was so wichtig oder auch gefährlich war, dass man es ihnen bisher vorenthalten hatte. Sie wollten wissen, was im Allerheiligsten des Tempels stand, jetzt, da sie Zutritt hatten.

Laboratorium

Hinterher sieht es aus wie eine Versuchsanordnung. Aber im Vollzug kannte keiner den nächsten Schritt. Dabei stand das Gebäude auf dem Spiel, aus dem unversehens etwas wie ein Laboratorium geworden war. Es konnte jederzeit in die Luft gehen. Erst recht, weil die darin Agierenden nicht an einem Strick zogen. Die einen wollten das Haus unbedingt erhalten, da sie die Unbehaustheit und ihre barbarisierenden Folgen fürchteten, wohingegen die andern überzeugt waren, nur wenn es zum Einsturz gebracht werde, könnten an seiner Stelle statt Gefängniszellen endlich menschenfreundliche Wohnungen gebaut werden.

Das Gebäude war alt. Gut 1200 Jahre alt. Kaiser Konstantin der Grosse war der Architekt gewesen; er und seine Nachfolger hatten es errichtet. Ein Bau aus politischem Gemeinwesen und kirchlicher Lehre. Das Gemeinwesen der Stein, die Lehre der Mörtel. Und zuoberst, als Schlussstein im Gewölbe, der alles zusammenhielt, die staatlich verordnete Taufe der Kinder.

Seit Jahrhunderten war von notwendigen Erneuerungen die Rede gewesen. Der Stein schien noch gut. Jedoch war der Mörtel spröd geworden, der Zusammenhalt dadurch gefährdet. Trotzdem hatte man sich nie auf die Massnahmen einigen können. Der Rezepte waren viele, zu viele, viel zu verschiedene, und keines wurde ernsthaft verfolgt. Jetzt jedoch galt es ernst.

Denn plötzlich, schwer zu sagen, warum ausgerechnet jetzt, war Bewegung in die Starre gekommen. Das Stichwort hiess Heilige Schrift. Gesagt werden kann nur, dass, die die Sache angriffen, Leser waren, bei denen dieses Buch sich gegen die Last der Tradition, deren Gebote, Verbote, Scheuklappen, Tabus durchsetzte. Man kommt nicht darum herum, Namen zu nennen, obwohl das leicht zu dem falschen Eindruck verleitet, es habe sich um eine Initiative theologischer und politischer Eliten gehandelt. Es war aber eine Volksbewegung. Gewiss gibt es gelehrte Vorläufer, weiter zurückliegende und unmittelbare. Jan Hus gehört zu Erstern, Erasmus vom Rotterdam zu Letztern. Aber es sind insbesondere zwei Namen, die für den Anfang der Bewegung selbst stehen: Martin Luther in Wittenberg und Ulrich Zwingli in Zürich. Vielleicht erscheinen die zwei deshalb als die entscheidenden Anfänger, weil beide eine Obrigkeit hinter sich hatten, die ihnen den Rücken frei hielt, Luther den Kurfürsten Friedrich, Zwingli Bürgermeister und Räte von Zürich. Was schuld daran sein mag, dass die beiden, Luther von allem Anfang an, Zwingli nach einigem Zögern, entschlossen waren, das Gebäude zu schonen, lediglich den Mörtel zu ersetzen und einige Umgestaltungen im Innern vorzunehmen. Auch so war das Unternehmen ohne Vorbild. Das liess Vorsicht als geraten erscheinen. Die Akteure waren wie Wanderer, die sich im Dunkel vortasteten. Sie mussten versuchen.

Fazit ist, dass das Gebäude stehen und der Schlussstein noch für lange Zeit an seinem Platz blieb.

Die Schritte des Versuchs in Zürich waren:

- Die Auslegung des Matthäusevangeliums durch Zwingli als Öffnung der Heiligen Schrift.

- Das Wurstessen vom ersten Fastensonntag des Jahres 1522, das eine Folge der allen offenstehenden Schrift war, Laienperspektive mit Theologenperspektive koordinierte und in dem daraus erwachsenden Buch Zwinglis *(Die freie Wahl der Speisen)* zum Grundsatz führte, dass, was nicht von der Schrift geboten ist, für den Glauben auch nicht verpflichtend sei.

- Der Lesezirkel des Buchhändlers Andreas Castelberger, von Handwerkern, Gewerbetreibenden und Bauern 1522 oder 1523 wahrscheinlich nach dem Vorbild von Zwinglis gelehrter Sodalität gegründet, der sich mit dem Römerbrief beschäftigte und dabei die Laienperspektive deutlicher akzentuierte (siehe dazu Strübind, *Eifriger als Zwingli*).

- Klaus Hottingers Fällung des Wegkreuzes in Stadelhofen im Herbst 1523, die aus der Laienperspektive eine öffentlich sichtbare Folgerung zog.

- Zwinglis Schrift *Der Hirt* von 1524, schon durch die Wahl der Titelmetapher ein Indiz, dass in seinen Augen die Laienperspektive gefährlich wurde und es jetzt darauf ankam, die Gemeinde, einer Herde gleich, zusammenzuhalten, damit sie nicht auseinanderlaufe.

- Zwinglis – vom Rat korrigierte – Abendmahlsliturgie von 1525, die das Laienwort zu einem liturgischen machen wollte.

- Die Hinrichtung von Felix Manz durch Ertränken in der Limmat am 5. Januar 1527, die demonstrierte, dass aus der Differenz von Theologen- und Laienperspektive ein Todesstreifen geworden war.

- Als Nachspiel: Die Kollision von aus Italien eingewanderten reformatorisch gesinnten freien Geistern mit der die Kirche beherrschenden und keinen Dialog mehr duldenden Theologenperspektive.

Im Nachhinein fällt das Urteilen leicht. Jedoch ist zu bedenken, dass keiner der Akteure auf Vorbilder zurückgreifen konnte; Schnittmuster gab es nicht. Jeder entschied zum ersten Mal, und meistens gab es keine zweite Chance.

Die Bibel in den Händen des Volkes

Jeder Christenmensch soll das Evangelium nicht nur hören, sondern auch selbst lesen können. Darum sorgten die reformatorischen Theologen umgehend für die entscheidende Voraussetzung dazu. Im September 1522 kommt Luthers «Septembertestament» heraus, die Übersetzung des Neuen Testaments ins Deutsche, 1524 wird es von Froschauer in Zürich nachgedruckt. 1525 druckt Froschauer das in Zürich übersetzte Alte Testament, 1531 die ganze Bibel in (Ober-) Deutsch. 1534 erscheint ebenfalls die ganze Bibel in Wittenberg in der Übersetzung Luthers.

Die Heilige Schrift Alten und Neuen Testaments aus ihren Grundsprachen Hebräisch und Griechisch und aus der Sprache der westlichen Kirche, dem Latein, in die Volkssprache, in die Sprachen der Völker zu übersetzen, war ein waghalsiges Unternehmen. Eine Religion legte ihre Heilige Schrift ungeschützt in die Hände des Volkes. In die ihrer Anhänger, in die ihrer Bestreiter, in die der Rechtgläubigen wie der Häretiker, in die der Männer und der Frauen und auch in die Hände anderer Religionen. Das Allerheiligste sollte so öffentlich wie irgend möglich und für jedermann zugänglich sein. Der Vorhang im Tempel ist zerrissen «von oben an bis unten aus» (Markus 15,38).

Ähnliches war schon einmal schiefgegangen. In der ersten Hälfte des dritten vorchristlichen Jahrhunderts soll in Ägypten von zweiundsiebzig jüdischen Gelehrten in zweiundsiebzig Tagen die jüdische Bibel aus dem Hebräischen in die Koine, die griechische Umgangssprache jener Zeit, übersetzt worden sein. Anlass dazu war, dass viele Juden in der Diaspora nicht mehr Hebräisch verstanden. Die Übersetzung wurde in den Synagogengottesdiensten verwendet, und später machten die Christen reichlich Gebrauch von ihr; der Wortlaut alttestamentlicher Zitate und Anspielungen im Neuen Testament entspricht überwiegend dem dieser Übersetzung, der sogenannten Septuaginta. Auch in den christlichen Gemeindeversammlungen wurde aus der Septuaginta vorgelesen, wodurch die Juden den Eindruck bekommen mussten, sie seien ihres Buches beraubt. Die wortgetreuere Übersetzung des Aquila aus dem zweiten nachchristlichen Jahrhundert ersetzte für die Juden die Septuaginta, die um 400 n. Chr. aus dem Synagogengottesdienst verschwand.

Mit der Septuaginta verfolgten die Juden nicht primär missionarische Absichten. Anders der früheste der vier neutestamentlichen Evangelisten, Markus. Er schreibt im Zusammenhang mit dem Untergang des Tempels von Jerusalem, 70 n. Chr., eine einigermassen nach biografischem Leitfaden geordnete Sammlung von Jesusgeschichten. Er schreibt in der griechischen Umgangssprache und betont einfach. Ebenso einfach ist der Aufbau. Jedermann soll, was hier geboten wird, verstehen, memorieren und weitererzählen können.

Das Buch ist das öffentlichste Medium der Zeit, in gewisser Hinsicht öffentlicher als die öffentliche Rede, nämlich mit grösserem Wirkungsradius. Markus zieht damit die Konsequenz aus dem, was er selbst erzählt: Der Vorhang im Tempel verbirgt das Allerheiligste nicht mehr; das Innerste des Tempels ist aller Welt sichtbar. Was ist das Allerheiligste der Christen? Der Gekreuzigte, der, nach Markus, mit dem Verlust seines Lebens seine Ankündigung besiegelte, dass das Reich Gottes im Kommen sei, und dadurch selbst zum Anfang des kommenden Gottesreiches wurde.

Der Tempel von Jerusalem, auch für die Christen, selbst wenn sie Heidenchristen waren, das irdische Zentrum des Glaubens, war seit 70 n. Chr. dahin. An seinen Ort stellt Markus das Buch mit den Geschichten von Jesus als «Grundlage des Evangeliums von Jesus Christus, dem Sohn Gottes» (Markus 1,1). Man muss nicht mehr nach Jerusalem wallfahren; das Allerheiligste kommt in Form von Erzählung und Schrift zu den Leuten, so wie Jesus in die Städte und Dörfer kam, und deren Bewohner nicht, wie wenn sie zu Johannes dem Täufer wollten, in die Wüste an den Jordan hinaus pilgern mussten.

Markus will so viel Öffentlichkeit wie irgend möglich. Denn «unter allen Völkern muss zuvor das Evangelium verkündigt werden» (Markus 13,10). Wovor? Bevor alle Völker «den Menschensohn auf den Wolken kommen sehen mit grosser Macht und Herrlichkeit» (Markus 13,26). Was erst eine Behauptung und darum noch unklar ist, die Auferweckung Jesu aus dem Tod, wird dann klar werden; «dort werdet ihr ihn sehen» (Markus 16,7). «Denn es gibt nichts Verborgenes, das nicht offenbar werden, und nichts Geheimes, das nicht an den Tag kommen soll.» (Markus 4,22) Vorläufig aber ist noch nicht die Zeit des zweifelsfreien Sehens, sondern des Hörens und Vertrauens. Darum: «Wer Ohren hat zu hören, der höre!» (Markus 4,23), und wer Augen hat, der lese.

Daran knüpfen die Reformatoren an. Das Evangelium, die *promissio*, wie Luther sagt (siehe dazu Bayer, *Promissio*), darf keine Geheimbotschaft sein. In öffentlicher Rede soll es unter die Leute gebracht werden. Denn das Evangelium ist das Salz der Erde. Salz, unter Verschluss gehalten, ist sinnlos. Salz ist da, um unter die Speisen gemengt zu werden.

Damit lassen sich die reformatorischen Theologen auf ein grosses Risiko ein, das sie am Anfang unterschätzen. Was sie, die Theologen, Umstürzendes in der Heiligen Schrift entdeckt haben, würde den sich ernsthaft damit befassenden Laien genauso einleuchten wie ihnen selbst, davon gehen sie als selbstverständlich aus. So wie Luther selbstverständlich davon ausgeht, dass durch die Neuentdeckung des Evangeliums die Juden keinen Grund mehr haben, nicht Christen zu werden.

Umso grösser das Erschrecken, als es anders kommt. Nur schon, weil die Theologen selbst sich nicht einig sind. Vor allem aber, weil die «Sicht von unten», die des Volkes, zu andern Ergebnissen kommt als die «Sicht von oben», die der Schriftgelehrten. Die Wahrheit ist nicht so eindeutig und selbstverständlich wie angenommen. Es entsteht Streit zwischen den verschiedenen Perspektiven, aus denen die Schrift gelesen wird.

Durch entsprechende Erfahrungen gewarnt, hatte die vorreformatorische Kirche Massnahmen ergriffen. Kurz gesagt: Sie hatte zwei Stände in der Kirche unterschieden, die Priester und die Laien, und hatte die Auslegung der Heiligen Schrift zur Kompetenz der Priester gemacht. Und sie hatte schliesslich die Bibel zum für die Laien verbotenen Buch erklärt und damit präzis das Gegenteil von dem zu ihrer Lehre erhoben, was beispielsweise der Evangelist Markus mit seinem Buch gewollt hatte. Aber sie hatte für sich damit die Möglichkeit geschaffen, gegen jede «wilde» Auslegung der Bibel als einen Verrat an der Lehre der Kirche vorzugehen.

Die Bibel als verbotenes Buch. Das lässt sich nicht aufrechterhalten, sobald sie nicht mehr nur in den schriftgelehrten Fachsprachen vorliegt, sondern von jedermann gelesen werden kann. Nun kann sich auch jedermann ein Urteil bilden. Und die Theologen haben keine Handhabe, diese Urteilsbildung eindeutig zu lenken und Abweichungen von dem, was sie für das Richtige halten, zu sanktionieren. Abgesehen davon, dass sie eben auch unter sich in vielem nicht einig sind. «Ihr habt einen anderen Geist als wir» soll Luther, auf 2. Korinther 11,4 anspielend, am Schluss des Marburger Religionsgesprächs, 1529, zu Zwingli gesagt haben.

Es gibt bei jedermann zugänglicher Bibel nur eine legitime Möglichkeit, der Differenz zu wehren: die Abweichler durch das Wort, durch Lehre, zu überzeugen. Glücklicherweise für die Reformatoren, ist man versucht zu sagen, ziehen die Abweichler Konsequenzen, die das bürgerliche Leben und die öffentliche Ordnung über den Haufen zu werfen drohen. So sieht die Staatsmacht sich genötigt und berechtigt, einzuschreiten, und die Theologen sind fein raus.

Damit ist freilich die Schwierigkeit keineswegs behoben. Der Konflikt der Perspektiven, die Differenz zwischen der Perspektive von oben und der Perspektive von unten bleibt und zieht sich durch die Geschichte der reformatorischen Kirchen bis zum heutigen Tag.

Geist und Wurst

Ein Kantatentext

I

Fleisch
Fleisch und Blut
Fleisch und Bein
Fleischeslust
fleischlich
Fleisch und Geist
die Werke des Fleisches
fleischlos
Fleisch und Blut Jesu Christi
Fleisch und Blut können das Reich Gottes nicht ererben

Am frühen Abend des ersten Fastensonntags, dem 9. März des Jahres 1522, kamen im Zürcher Niederdorf, im Haus zum Wyngarten, das dem Buchdrucker Christoffel Froschauer gehörte, um die zwölf Männer zusammen, worunter der Drucker selbst, seine Gesellen, Leutpriester Leo Jud, ein zweiter Pfarrer, dessen Namen wir nicht kennen, der Schuhmacher Klaus Hottinger, vermutlich auch sein Bruder, der Bauer Jakob Hottinger aus Zollikon, der Schneider Lorenz Hochrütiner, der Strählmacher Heini Aberli, weitere Handwerker – und der Leutpriester am Grossmünster, Meister Ulrich Zwingli. Sie trafen sich zu einem besonderen Essen.

Hier riecht's nach Wurst,
nach einer schönen, runden Wurst.
Die Seele lechzt
nach einer Wurst.
Der Magen schreit
nach Fleisch.

Würste sieden im Wasser.
Würste braten in der Pfanne.
Würste enden auf dem Teller,

ihrem Richtplatz, ihrer Walstatt,
wo sie aufgespiesst werden, erstochen,
verschnitten, gevierteilt, zerstückelt,
in der Mühle der Zähne gekaut,
zu Fleischmus zermalmt,
das nahrhafter ist als das trostlose
Hirsemus, Hafermus, Gerstenmus, Erbsenmus
der vorösterlichen Fastenzeit.

Die Arbeit der Buchdrucker war besonders streng in der Fastenzeit. Denn bis zur Frankfurter Frühlingsmesse mussten die Bücher
gesetzt, gedruckt, gebunden werden. Und das Essen während der
Fastenzeit hatte strikt fleischlos zu sein. So war es vorgeschrieben
im kirchlichen wie im weltlichen Gesetz. Sie sassen im Kreis um
Froschauers Tisch fast wie die Jünger beim Abendmahl, und Barbel
von Arm, des Buchdruckers Jungfrau, trug zwei geräucherte Würste
auf. Froschauer zerschnitt sie in dünne Scheiben, kaum dicker als
die Oblate des Abendmahls, und reichte jedem am Tisch eine. Die
Handwerker schoben sie gierig, die Pfarrherren zögernd andächtig
in den Mund.

Ein zerkautes Stücklein Wurst,
speichelumschmeichelt,
liebkost die Zunge,
kitzelt den Gaumen,
grüsst wohlschmeckend den Schlund,
wirft sich selbstlos in die Tiefe,
um den Magen zu begeistern,
das Herz zu erfreuen,
den Geist zu beflügeln,
zum Wohlbehagen ihres Eigentümers.

2

Zwingli sass etwas abseits. Er als Einziger ass nicht.

Schmeckt die Wurst ihm nicht?
Ist er nicht hungrig?

Das ist der Unterschied zwischen ihm
und den Handwerkern.
Ihm geht's ums Prinzip,
den Handwerkern geht's um den Magen.
Sie kommen nicht aus ohne Fleisch
in dieser strengen Zeit.
Fleisch ist arbeitsnotwenig für sie.
Lebensnotwendig für Handwerker.
Nicht so für Kopfwerker wie Zwingli.
Seinesgleichen waren's gewesen,
die die Fastengebote erlassen hatten,
während sie erlesene Fastenspeisen genossen,
Fische, Schnecken, Muscheln, Frösche, Krebse.
Passt gut auf,
dass wir nicht wieder in dieses Fahrwasser geraten.
Hier die Handwerker, die entbehren sollen,
dort die Kopfwerker, die sich
Fastengebote für die Handwerker aus den Fingern saugen
und behaupten, Fleisch sei verboten in der Fastenzeit.
Wer Fleisch isst in der Fastenzeit,
verstösst gegen das kirchliche Gesetz.
Und das kirchliche Gesetz
ist das weltliche Gesetz.
Wer Fleisch isst in der Fastenzeit,
ist ein schlechter Christ
und ein schlechter Bürger obendrein.

3

Warum ass Zwingli nicht von der Wurst? Die Frage ist offen bis
heute. Vermutungen. Nur Vermutungen.

Wurst ist fett.
Wurst macht fett.
Besonders, wenn einer so viel sitzt und schreibt.
Von Wurst gibt's Gallensteine,
das Leiden der sitzenden Gelehrsamkeit.
Nicht jedoch, wenn du hart arbeiten musst

mit deinen Händen, deinen Armen, deinen Beinen.
Buchdrucker müssen hart arbeiten.
Mit Händen, Armen, Beinen und mit dem Kopf dazu.
Besonders in der Fastenzeit müssen die Buchdrucker hart arbeiten,
wenn es um der Abtötung des Fleisches willen
verboten ist, Fleisch zu essen,
da kein Fleisch und Blut das Reich Gottes ererbt.
Der Geist ist willig,
das Fleisch ist schwach,
sagen, die's nicht nötig haben,
ihrem Geist mit Fleisch aufzuhelfen,
da ihr Geist in einem wohlgenährten Gehäuse steckt
Für das Volk das Fleisch,
für die Geistlichen der Geist.
Ist es das alte Gespenst
in neuer Gestalt?
Die Zerteilung von Christi Rock
mit einem neuen Messer?

4

Vierzehn Tage nach dem Wurstessen in Froschauers Haus predigte
Zwingli im Grossmünster über die Fastengebote, und Christoffel
Froschauer druckte die Predigt unter dem Titel *Die freie Wahl der
Speisen*. Es war Zwinglis erstes reformatorisches Buch. Der entscheidende Grundsatz darin heisst: Was nicht von der Heiligen Schrift
geboten wird, ist für den Glauben nicht verpflichtend. Die Schrift
als alleinige Richtschnur. Die Schrift, in die Sprache des gemeinen
Mannes übersetzt und in die Hände des Volkes gelegt. Jeder Christenmensch soll sich selbst ein Urteil bilden können.

Ein neues Lied.
Ein befreiendes Lied.
Ein evangelisches Lied.
Evangelium heisst Befreiung.
Befreiung von religiösen Fesseln.
Befreiung von kirchlicher Bevormundung.

Befreiung von Gesetzen, durch Menschen gemacht, aber als göttlich
ausgegeben.
Evangelium heisst Auszug aus ägyptischer Sklaverei.
Herausführung aus babylonischer Gefangenschaft.
Singen wir das Lied der evangelischen Freiheit.
Singen wir mit der Zunge des mündigen Christenmenschen
das neue Lied.

Nichts war der ersten reformatorischen Schrift Zwinglis anzumer-
ken, dass er in Froschauers Haus abseits gesessen und kein Stücklein Wurst gegessen hatte. Zwei Jahre später hingegen druckte
Froschauer wieder eine Predigt Zwinglis. Sie hiess *Der Hirt* und
handelte vom Pfarrer und der Gemeinde.

Hirt
Hirt und Herde
Hirt und Schafe
Blökende Schafe
Lammfromm
Herdentrieb
Schafsköpfe
Die Herde läuft dem Hirten nach.
Er treibt sie in den Pferch.
Der Hirt als Hüter, Herr und Vorbild seiner Schafe.
Der Herr ist mein Hirt.
Der Hirt ist mein Herr.
Der Hirt gebietet, die Schafe gehorchen.
Soll den Christenmenschen,
kaum machen sie ihn auf,
erneut der Mund verboten,
das Wort abgeschnitten,
die Mündigkeit entzogen werden?
Lebt alte Scheidung wieder auf:
Hier die Geistlichen und da die Weltlichen.
Hier die Spirituellen und da die Fleischlichen?

Hätte Zwingli nicht doch mitessen sollen, als die Handwerker
Wurst assen am ersten Fastensonntag in Froschauers Haus? Freien,

fröhlichen Herzens mitessen sollen? Es war nicht wurst, ob er Wurst ass oder nicht. Die Freiheit der Christenmenschen hing daran.

> Doch seht, die Freiheit war stärker als alle Bedenken.
> Sie setzte sich durch,
> liess Mauern einstürzen,
> zerriss Ketten.
> Seither ist es wurst,
> essen wir Wurst oder essen wir keine,
> fasten wir oder fasten wir nicht.
> Essend und fastend loben wir den befreienden Gott.
> Denn unser Leben ist wie ein Vogel
> dem Netz der Vogelfänger entkommen.
> Das Netz ist zerrissen,
> und wir sind frei. (Psalm 124,7)

Die erste und letzte gemeinsame reformatorische Aktion

Das Wurstessen im Haus des Buchdruckers Christoffel Froschauer am Abend des ersten Fastensonntags 1522 ist die erste aktenkundig gewordene reformatorische Aktion in Zürich, bei der Theologen und Nichttheologen in unterschiedlicher Funktion gemeinsam wirkten. Es sollte auch die letzte sein.

Die Initiative dazu ergriffen nicht Theologen, sondern Handwerker, insbesondere Froschauer und seine Gesellen. Mit dabei waren jedoch mindestens drei Theologen: ein uns namentlich nicht bekannter Pfarrer, der Einsiedler Leutpriester Leo Jud, der alsbald Pfarrer am St. Peter in Zürich werden sollte, und Ulrich Zwingli. Der Namenlose und Jud assen von der Wurst, Zwingli jedoch hielt sich etwas abseits und ass nicht mit.

Zwingli war in Froschauers Stube also nicht Gleicher unter Gleichen, sondern Aussenseiter. Seine Anwesenheit war schwer anders zu verstehen denn als amtliche Funktion. Es ging ja um eine Sache und einen Ort, die seines Amtes waren. Wurden die Fastengebote gebrochen und der Leutpriester vom Grossmünster tat mit, dann kam das der Aufhebung dieser Gebote von kirchlicher Seite gleich, auch dann, wenn diese Aufhebung in der damaligen Situation nicht oder nicht allein eine kirchliche Angelegenheit war. Dass Zwingli als «Privatmann» – den Begriff gab es in dieser Bedeutung da ja noch nicht – dabei gewesen sei und mitgegessen habe, wäre damals kaum vermittelbar gewesen. Also sass er, der Bibelfachmann, in beobachtender Distanz gleichsam der Aktion gegenüber.

Einfacher war es bei dem namenlosen Theologen und bei Leo Jud. Der Zweite war damals noch nicht in Zürich ansässig; so mochte es angehen, sein Mitessen als nicht amtlich zu verstehen. Das galt ähnlich für den Anonymus, der ebenfalls nicht aus der Stadt gekommen zu sein scheint. Beider Mittun als Laien zeigt, dass man das «geistliche» Amt als Funktion, nicht mehr als Stand, begriff.

Sie waren wie die Übrigen, wie Froschauer, seine Gesellen, weitere Handwerker, dazu noch der Bauer Jakob Hottinger aus Zollikon. Alle sassen als gewöhnliche Kirchenglieder am Tisch; sie hatten kein kirchliches Amt. Wirklich nicht? Sie selbst sahen es wohl anders und stellten mit dem Fastenbruch zumindest die Frage nach der Relevanz der Laienperspektive in der Kirche. Denn seit 1520 waren in Luthers Schrift *An den christlichen Adel deutscher Nation von des christlichen Standes Besserung* die umstürzenden Worte zu lesen, dass jeder Getaufte zum Priester, Bischof und Papst geweiht sei. Das Buch war noch im Erscheinungsjahr in Basel von Adam Petri nachgedruckt worden, war also auch – sicher nicht zuletzt durch den Buchhändler Andreas Castelberger, dem wir noch begegnen werden – in Zürich einsehbar. Luther schränkt zwar, kaum hat er sie geschrieben, seine mutigen Aussagen wieder ein. Aber er tut es, erstens, mit so offensichtlich verlegenen Vernunftgründen, dass es als Ausrede wirkt. Und er identifiziert, zweitens, das Amt als «Priester, Bischof und Papst», wie seine Einschränkung zeigt, mit der Redekompetenz im öffentlichen Gottesdienst, dessen Predigt ihm schlechthin als die Verkündigung des Evangeliums gilt.

Beides, die Vernunftgründe zur Einschränkung des Amtes von «Priester, Bischof und Papst» und die Identifikation von Evangeliumsverkündigung mit der Kanzelpredigt, bestreiten implizit die Zürcher Fastenbrecher.

Denn was sie an diesem Fastensonntagabend tun, verstehen sie durchaus als Verkündigung, nämlich der evangelischen Freiheit. Zwar geschieht der Fastenbruch in privatem Rahmen. Jedoch ist zum einen die Unterscheidung von Privatheit und Öffentlichkeit in jener Zeit noch sehr fliessend. Und zum andern wissen die Teilnehmer genau, dass, was sie tun, sogleich zum Stadtgespräch, also öffentlich wird. Ja, man kann sagen, dass sie, was sie tun, im Hinblick darauf tun, dass es in der Stadt bekannt wird. Insofern nehmen sie ein öffentliches Amt für sich als Christenmenschen in Anspruch, das sich freilich nicht auf die offizielle Öffentlichkeit des Gottesdienstes bezieht, der ja eine Insiderveranstaltung ist, weil er nur die Christen anredet, auch wenn alle Bewohner der Stadt nominell Christen sind. Das Amt der gewöhnlichen Christenmenschen bezieht sich auf eine öffentlichere Öffentlichkeit.

Weil sie demonstrieren, dass sie als gewöhnliche Christenmenschen ein Amt haben und dass dieses sich auf diese umfassendere Öffentlichkeit bezieht als die des Predigtamts, entlarven die Fastenbrecher Luthers Vernunftgründe als unvernünftig. Für Luther gilt: «Was Natur und Vernunft von sich aus sagen, das sagen sie nach dem Zeugnis der *Schrift* von sich aus.» (Bayer, *Martin Luthers Theologie*, S. 118, Anmerkung 33). Das kann jedoch nicht heissen, dass der Schriftgelehrte das letzte Wort über das hat, was Natur und Vernunft nach dem Zeugnis der Schrift von sich aus sagen. Vielmehr muss sich das Zeugnis der Schrift von den Vernunftgelehrten und Kennern der Natur auf seine Vernünftigkeit prüfen lassen. Erst in dieser Prüfung stellt sich heraus, was richtige und was falsche Vernunftgründe sind, wie sich erst in der Prüfung durch die Schriftgelehrten herausstellt, was richtige und was falsche Begründungen durch die Heilige Schrift sind.

Weil, was in Froschauers Stube privatim geschieht, Öffentlichkeit erlangen wird und auch darauf aus ist, stellt sich die Frage: Wenn jeder getaufte Mensch Priester ist, und wenn es doch zum Priesteramt gehört, Nichtpriester, Laien, als Gegenüber zu haben – wer sind die dann?

Es sind alle Menschen, christliche und nichtchristliche. Diese Möglichkeit hat Luther in der Schrift an den christlichen Adel nicht oder nicht entschieden genug ergriffen, sondern stattdessen das allgemeine Priestertum zu einem schweigenden gemacht, das seine Redekompetenz an die Theologen delegiert.

Das Dutzend Männer, dem Froschauers Magd zwei geräucherte Würste auftrug, wollte mit seiner Aktion nach aussen wirken. An diesem Abend geschah in den Augen der Esser für die Kirche Relevantes, wozu die Beteiligten sich kraft ihres Christseins als ermächtigt ansahen.

Zwinglis Nichtmittun unterstreicht das. Es sollte nicht der Eindruck entstehen, der Anführer der Zürcher Reformation sei der Initiant der Aktion. Hier handelte das Kirchenvolk. Es brauchte dazu den ersten Prädikanten der Stadt nicht. Es war, soviel wir wissen, dem Fastenbruch auch keine ausdrückliche Predigt Zwinglis zum Thema vorausgegangen; vielmehr folgte sie vierzehn Tage später nach. Aus ihr entstand Zwinglis erstes reformatorisches Buch, das die ausführliche Rechtfertigung lieferte für das, was am besagen Fastensonntag passiert war.

Die Reihenfolge ist beachtenswert. Jedoch steht trotz gegenteiligem Eindruck an erster Stelle die Predigt. Auch wenn Zwingli vorher nicht ausdrücklich von den Fastengeboten gepredigt hatte, so holten sich die Fastenbrecher die Legitimation doch aus seinen Predigten und wahrscheinlich auch aus Luthers Adelsschrift. Es war die Legitimation zu einer selbst verantworteten, sprechenden Tat. Durch das ausgelegte Wort der Bibel wurde den Handwerkern klar, dass sie zu dem Fastenbruch legitimiert waren. Und dass Zwingli bei der Aktion zwar dabei war, jedoch nicht mitass, bedeutet, dass er aus der Perspektive seiner Bibelkenntnis die Aktion ebenso prüfte, wie er seine Bibelperspektive durch die Weltperspektive der Laien prüfen liess.

Irre ich mich, wenn ich sage: Im Unterschied zu Wittenberg? Auch dort schien sich die Sache während Luthers Abwesenheit auf der Wartburg vom Mai 1521 bis Anfang März 1522 in die Richtung einer solchen wechselseitigen Prüfung – was ja auch Auslegung heisst – der Perspektiven zu entwickeln. Es war für Luther Anlass genug, gegen das Gebot seines Landesherrn das Versteck zu verlassen, nach Wittenberg zurückzueilen und die Zügel resolut wieder in die Hand zu nehmen.

Wo liegen die Gründe für diese unterschiedliche Haltung? Festzustellen ist: Luther kommt aus der Tradition einer zum Absolutismus tendierenden Fürstenstaatlichkeit, Zwingli hingegen, Sohn eines freien Bauern und gewählten Ammanns, aus einer öffentlichen Ordnung mit basisdemokratischen Elementen. Dieser soziokulturelle Hintergrund sollte nicht ausgeblendet werden. Geradezu idealtypisch zeigt sich sein Einfluss am Schluss des Marburger Religionsgesprächs. In 14 von 15 Punkten kann man sich einigen. Jedoch nicht in der Frage der Realpräsenz im Abendmahl. Luther beharrt auf dem «est» der Einsetzungsworte. Zwingli vermag es nicht nachzuvollziehen, will aber die Differenz als nicht kirchenspaltend ansehen. Innerhalb der Kirche können Kompromisse geschlossen werden; sie sind das tägliche Brot demokratischer Politik. Für Luther hingegen muss das Bekenntnis vollkommen einmütig sein, wie es für Konstantin einmütig sein musste. Die lutherische Lehre vom landesherrlichen Summepiskopat kommt nicht von ungefähr.

Jedoch ist sogleich zu sagen, dass Zwingli seine Haltung, die Diskussion und Differenzen zulässt, *in theologicis* so wenig durchhält wie der Zürcher Rat *in politicis* demokratische Grundsätze. Wir haben es in Zürich ja nicht mit einer wahren Demokratie zu tun, sondern mit einer zunftaristokratisch regierten Republik. In den Räten sind Diskussion, Kompromisse und Mehrheitsbeschlüsse an der Tagesordnung. Jedoch hat besonders die Landbevölkerung – auch wenn sie hin und wieder konsultativ befragt wird – kein Recht, die Beschlüsse des Rates zu diskutieren. Im Zweifelsfall reagiert der Rat nach dem Muster eines souveränen Fürsten. Wir werden sehen, dass auch Zwingli selbst – trotz der späteren Kompromissbereitschaft in Marburg – so reagiert.

Zum soziokulturellen Hintergrund gehört auch die theologischen Bildung Zwinglis und Luthers. Diejenige Zwinglis ist die *via antiqua*; Zwingli ist Thomist, also Realist.

Die Sache – auch Handlungen sind eine Sache – und der Begriff, die Tat und das Wort gehören zusammen; sie sind nicht zu trennen. Sprechen ist auch Handeln, und jedes Handeln ist sprechend. Darum kann das «Wortamt» nicht grundsätzlich delegiert werden. Das tun zu wollen, wäre für den Realisten unvernünftig, weil es hiesse, dass die, die es delegieren, nicht nur auf das Wort verzichten, sondern auch auf das Handeln. Eben das lehrt Thomas von Aquin, wenn er in seiner Lehre vom Priestertum aller Gläubigen zwar Priester und Laien in der gemeinsamen Aufgabe verbindet, Opfer darzubringen, jedoch zwei Arten von Opfern unterscheidet. Die Priester bringen Gott in der Eucharistie Fleisch und Blut Jesu Christi als Opfer dar. Die Laien bringen Gott das Opfer ihres Leibes – das heisst auch: ihrer Hände Arbeit – dar. Damit ist nicht zwischen Wort und Tat unterschieden, sondern zwischen zwei Taten und ihrem untrennbar zugehörigen Wort. Für die eine davon, die Darbringung des Leibes und Blutes Jesu Christi als Opfer für Gott, ist allein der Priester zuständig. Eben diese Unterscheidung kritisiert die Reformation als willkürlich, und die Aktion des Fastenbruchs entlarvt sie als gemäss der biblischen Vorgabe unsachlich und unvernünftig.

Anders in der *via moderna*, dem Nominalismus, worin Luther erzogen worden ist. Wort und Sache, Wort und Tat gehören nicht unauflösbar zusammen. Das Wort ist gleichsam die Etikette, die der Sache angeheftet wird. Das Wasser der Taufe ist nicht schlichtes, sondern «ins Wort gefasstes» Wasser und wird so zum Träger von Verheissung; es ist nicht schon durch seine Eigenschaften als blosses Wasser ein solcher Verheissungsträger. So verstanden, hat das blosse Wasser für den Glauben keine Bedeutung; es sagt dem Glauben nichts. Es wird erst relevant durch das Wort, das es zum Verheissungsträger macht, indem es ihm die Verheissung verleiht.

Was beim Wasser der Taufe keine Differenz zu sein scheint, zeigt sich bei den Elementen des Abendmahls sogleich als unüberbrückbare. Für Luther ist es einigermassen problemlos, dem Brot und dem Wein die Etikette Fleisch und Blut Jesu Christi aufgrund und im Sinn einer *assertio* (einer festen Behauptung) aufzukleben. Das Wort vermag die Funktion einer Sache (*in usu*, im Gebrauch) zu ändern. Für Zwingli ist das die Behauptung, das Wort vermöge die Substanz von Brot und Wein zu ändern. Und das ist für ihn, den Realisten, schlechterdings undenkbar. Darum verweigert er die Einigung in der Abendmahlsfrage. Was für ihn nicht heisst, dass er mit den Lutheranern auseinander ist. Für Luther jedoch heisst es das.

Von hier aus ist die grosse Bedeutung der *assertio* bei Luther zu verstehen. Und ebenso ist von hier aus zu verstehen, warum Luther christliches Wortamt mit offizieller Predigt identifizieren und Christsein und Verkündigungskompetenz so unterscheiden kann, dass es einer Trennung gleichkommt. Er übersieht, dass, wes das Herz des Christenmenschen voll ist, bekanntlich der Mund übergeht (Matthäus 12,34).

Die Identifikation des Wortamts mit dem Lehramt erlaubt Luther, jeden, der zur theologisch relevanten Tat schreitet, bevor sie ausdrücklich theologisch legitimiert ist, als Schwärmer zu brandmarken. Zwinglis Theologie erlaubt ihm das nicht. Er bleibt deswegen in der Bekämpfung der Täufer auffallend zögerlich. Bis er den Bau aus Staat und Kirche gefährdet sieht, damit die öffentliche Ordnung und die Wohlfahrt. Da nimmt er seine Zuflucht bei der staatsmännischen Vernunft der Obrigkeit und bei der im nur halbdemokratischen Staat im Notfall naheliegenden Argumentation konstantinischer Kirchlichkeit.

Damit diskreditiert sich Zwingli in den Augen seiner Gegner als einer, der sich nicht an seinen eigenen Grundsatz der Mündigkeit der Gemeinde hält. Die Gegner haben nicht Unrecht. Beide Positionen, die von demokratischen Voraussetzungen her inkonsequente Zwinglis wie die von fürstenstaatlichen Voraussetzungen her konsequente Luthers, laufen auf einen Bruch zwischen Theologen und Laien hinaus. Und beide Male geschieht es durch ein nur angeblich vernünftiges Argument praktischer Notwendigkeit. Soll der Bestand des Staates nicht gefährdet werden, kann Zwingli nicht weiter so verfahren, dass die Theologie die Aktionen des Volkes erst nachträglich beurteilt. Und soll nicht dasselbe geschehen, müssen die Laien bei Luther ihre Kompetenz zur Verkündigung an die Theologen abtreten und muss Verkündigung mit der offiziellen Kanzelrede identifiziert werden.

Beide Male gelingt es nicht, die theologische Kompetenz der Prediger und die den Gemeindegliedern biblisch zugesagte Kompetenz zur Verkündigung (1. Petrus 2) miteinander zu verbinden. Beide Male läuft es auf ein Entweder-Oder hinaus, und beide Male muss sich die Gemeinde die Vormundschaft der Theologen – die alsbald wieder «der geistliche Stand» heissen – gefallen lassen.

Die Nähe zum Abendmahl

Froschauer und seine Gesinnungsgenossen versammelten sich am Abend des ersten Fastensonntags zum Wurstessen. Offensichtlich war's keine Schlemmerei. Dazu hätten zwei geräucherte Würste nicht gereicht.

Dass die Feier am Sonntagabend stattfand, hatte wohl einfach damit zu tun, dass der Gottesdienstbesuch am Sonntagmorgen eine Pflicht war, die man nicht verletzen wollte. Dennoch erscheint die

Tageszeit wie eine Anspielung aufs Abendmahl oder «Nachtmahl», wie man damals sagte. Ebenso die Zahl der Teilnehmer. Dem Vernehmen nach soll es ein Dutzend gewesen sein, das um den Tisch herum sass. Die Nähe zum Abendmahl war also vermutlich gewollt.

Jedoch leitete kein Theologe und Priester die Feier – Zwingli sass abseits und ass nicht mit; die zwei andern Theologen waren Empfangende wie die Übrigen. Das Fehlen des Priesters weist hin auf den «privaten» Rahmen des Wurstessens. Was hier in der Alltäglichkeit der Welt geschieht, geschieht eins zu eins und nicht gefiltert durch die Liturgie, dieses Kennzeichen offizieller Öffentlichkeit des Gottesdienstes. In solchem Rahmen gibt es keinen verantwortlich Vorstehenden, schon gar nicht einen, der als Christi Stellvertreter amten könnte. Hier sind alle verantwortlich und alle Priester; der auferstandene Gekreuzigte ist mitten unter ihnen.

Zwei geräucherte Würste wurden zu Rädchen, dünn wie Oblaten, zerschnitten und wie solche beim Abendmahl ausgeteilt. (In den Zürcher Landkirchen wurde das Abendmahl schon bald mit gewöhnlichem Brot gefeiert; nur in den Kirchen der Stadt wurden seltsamerweise die Oblaten beibehalten. In der Predigerkirche zum Beispiel blieben sie bis in die Neunzigerjahre des 20. Jahrhunderts in Gebrauch.) Es ist kein verspäteter Fastnachtsscherz. Was ist es dann? Es geht, wohl eher unbewusst als ganz bewusst, um Realpräsenz. Demonstriert wird, dass reales Fleisch besser nährt als zu Fleisch erklärtes Brot. Und also, noch deutlicher dem Magen als den Augen, dass es mit der Transsubstantiation nichts ist. Es gibt keine reale Präsenz des Fleisches im «gewandelten» Brot. Hungrige Handwerker dringen auf reale Präsenz. Sie haben von «nominaler» nicht gegessen. Die durch die Wandlung behauptete Realpräsenz ist eine Erschleichung. Die Einsetzungsworte sind auch nicht performatives Wort. Sie sind bestenfalls *assertio*, Behauptung. Performatives Wort hingegen macht, was es sagt, im Augenblick, da es gesprochen wird. Der Mensch, der zum König ausgerufen wird, wird im Augenblick des Rufes König. Und seither ist er es, nachprüfbar daran, dass seine Autorität anerkannt wird. Das Einsetzungswort «Das ist mein Leib» behauptet die Verwandlung von Brot in Fleisch, was einer Überprüfung nicht standhält. Performatives Wort redet nie von der Verwandlung der Substanz, sondern der Funktion. Dem versucht

Luther dadurch Rechnung zu tragen, dass er von der Realpräsenz im Gebrauch, also in Ausübung der Funktion, redet.

Doch auch dabei wird getrennt, was Gott zusammengefügt und Jesus mit seinen Krankenheilungen beisammen gelassen hat. Mit solcher Trennung können sich hungrige Handwerker nicht zufrieden geben. Nach ihrer Erfahrung handelt es sich bei der behaupteten Realpräsenz um einen Mythos. Mythen reden vom Abwesenden. Die Auslegung der Schrift aus der Perspektive von unten entlarvt die Lehre von der Realpräsenz als einen Etikettenschwindel.

Was bei Froschauer an jenem Fastensonntagabend geschah, war vor allem eine Korrektur der Perspektive. Die Perspektive von oben, die der Theologen und Priester, hier das, was Zwingli bisher gepredigt hatte, musste sich prüfen lassen durch die Perspektive und den Gebrauch von unten. Dabei wird deutlich, dass die Perspektive von oben sich ohne diese Prüfung heillos in Spekulationen verheddert, ebenso wie die Perspektive von unten Wurst und nichts als Wurst zum Resultat hat, wenn sie nicht durch die Perspektive von oben korrigiert wird.

Das ekklesiologische Defizit

Das gravierendste ekklesiologische Defizit der reformatorischen Kirchen liegt in der ungelösten Aufgabe, die Perspektive von oben und die Perspektive von unten theologisch zu koordinieren. Genauer: Das Defizit liegt in der theologischen Vernachlässigung der Perspektive von unten.

Wie klaffend es war, zeigte sich schon bald nach dem Fastenbruch daran, dass offensichtlich nicht gelang, was am wichtigsten gewesen wäre: gemeinsame Bibellektüre und Bibelauslegung, bei der beide Seiten miteinander auf die Bibel und aufeinander gehört hätten.

Zwingli versammelte wahrscheinlich schon seit 1520 eine sogenannte Sodalität um sich, eine *sodalitas litteraria*, eine gelehrte Gruppe nach dem Muster der von dem Humanisten Conrad Celtis gegründeten wissenschaftlichen Gesellschaften, die biblische und philosophische Texte las und diskutierte. *Sodalitas* heisst ursprünglich einfach «Kameradschaft», was nicht unbedingt höhere Bildung voraussetzt. Wohl aber tut das eine *sodalitas litteraria*. Sie führt insofern Gleiche zusammen, als alle Mitglieder die gleiche Grundbildung erhalten haben, deren Kern die Rhetorik ist. Sie vereinigt die Gebildeten verschiedener akademischer Fächer zu einer Kameradschaft von – bei allen Unterschieden – im Wesentlichen Gleichen.

Die von Celtis selbst und in seiner Nachfolge – Celtis hatte zuletzt in Wien gewirkt, Zwingli hatte in Wien studiert – gegründeten Sodalitäten waren jedoch bei ihrer Entstehung gegen Ende des 15. und zu Beginn des 16. Jahrhunderts eigentlich bereits veraltet. Denn sie setzten eine «Bildungslandschaft» mit klar abgesteckten Grenzen voraus, die es nicht mehr gab, seit der Buchdruck sich durchgesetzt hatte. Jetzt konnte jeder Texte beschaffen, lesen und auslegen. Durch diese Veränderung der Bildungsmöglichkeiten musste die Sodalität der Gebildeten ebenso wie die Rhetorik als Grundvoraussetzung aller Bildung in den Geruch der Exklusivität kommen, also des bewussten Ausschlusses der Perspektive von unten. Das mochte der katholischen Trennung der christlichen Gemeinde in die zwei Stände der Priester und Laien entsprechen, passte aber nicht zu der reformatorischen theologischen Position, dass alle Christenmenschen desselben Standes seien. Die Sodalität erschien als Ausdruck des Willens, der Perspektive von unten kein Gewicht zuzugestehen.

Was wurde dadurch ausgeschlossen? Die nicht durch die Rhetorik geformte und durch amtliche Approbation domestizierte Rede. Aus dem Blick verbannt wurde das «wilde» Wort. Das Wort derer, die trotz des Mangels an rhetorischer Bildung von «höheren» Dingen sprachen, und halt eben so, wie man im Haus, auf der Gasse und auf dem Markt spricht. Ausgeschlossen wurde das *genus humile*, die unterste Ebene des rhetorischen Dreistufenbaues, der die Dreistufigkeit der Gesellschaft abgebildet hatte. Diese Dreistufigkeit, die, was die Bildung betraf, seit dem Aufkommen des Buchdrucks den gesellschaftlichen Verhältnissen nicht mehr völlig entsprach. Man könnte sagen: Die mittlere Stufe der Gesellschaft, nun in den Genuss vorher exklusiver Bildung kommend, hatte die Wahl, ob sie Vermittlerin zwischen *genus grande* und *genus humile* sein, oder ob sie sich durch die Exklusivität verleiten lassen und zum *genus grande* schlagen wollte. Die Soldalitäten liessen argwöhnen, dass es ihren Mitgliedern eher um Exklusivität der Gebildeten zu tun war. Dabei sollte Luther im *Sendbrief vom Dolmetschen* alsbald lehren, dass die rhetorische Stufenordnung für die Theologie keine Gültigkeit haben könne, weil das *genus humile* und nicht das *genus grande* dem Evangelium des Gekreuzigten angemessen sei.

Zwinglis Sodalität gehörten, soviel wir wissen, neben andern Studierten – Theologen und Nichttheologen – anfänglich auch die Studierten Konrad Grebel und Felix Manz an. Doch scheinen die zwei sich in dem Kreis auf Dauer nicht wohlgefühlt zu haben, vermutlich aus den erwähnten Gründen. Jedenfalls wurden sie bald Mitglieder des Lesezirkels um den Buchhändler Andreas Castelberger.

Es dürfte sich eher um einen Übertritt, nicht um eine Doppelmitgliedschaft im Sinn einer Vermittlung gehandelt haben. Die «Konversion» von Grebel und Manz wird meistens mit beginnenden täuferischen Interessen der beiden erklärt. Es könnte ja sein, dass das täuferische Interesse durch die Erfahrungen in der Sodalität geweckt wurde. Man muss sich die Zusammenkünfte bei Zwingli vorstellen. Die Gebildeten waren unter sich, Gleiche mit Gleichen, fächerübergreifend vereint durch die rhetorische Grundbildung. Kam dazu, dass – ob man biblische Texte las oder philosophische – die beamteten Theologen das letzte Wort hatten. Es war bei währender Lage gar nicht anders möglich, als dass auch die philosophischen Texte in theologischer Absicht – und das hiess: mit Blick auf den aktuellen religiösen und politischen Umbruch – gelesen wurden, und dass dabei die Perspektive der Theologen den Ton angab. An der Zeit und dringend gefordert gewesen wäre aber eine Koordination der Theologen- und der Laienperspektive. War der Übertritt von Konrad Grebel und Felix Manz aus Zwinglis Sodalität in Castelbergers Lesezirkel möglicherweise zuerst der Versuch einer solchen Koordination, so wurde er schnell zum Indiz ihres Scheiterns.

Mündigkeit

Wer den Leuten die Bibel in ihrer Sprache in die Hände gibt, rechnet damit, dass sie sie selbstständig lesen, darüber nachdenken, verstehen und – weil es kein Denken ohne Reden und kein Reden ohne Denken gibt – davon reden. Und er setzt voraus, dass das legitim ist, also zumindest von Teilen der Bibel so gewollt. Die Bibel wird nur richtig verstanden, signalisierte die Übersetzung in die Volkssprache, wenn sie als offenes, jedermann zugängliches Buch verstanden wird.

Da die – durch argumentierende Einschübe unterbrochenen – Geschichten Alten und Neuen Testaments Grund und Anfang (*archè*, siehe Markus 1,1) des Glaubens sind, müssen sie erzählt (was auch heisst: im Erzählen interpretiert), argumentierend erklärt und zugesprochen werden. Dazu bedarf es aller Christenmenschen, so wahr jeder Christenmensch dazu berufen ist, seinen Glauben zu bekennen und zu begründen (1. Petrus 3,15). Voraussetzung dafür ist Mündigkeit. Du hast einen Mund. Du kannst sprechen. Also red!

Dazu sind keine weiteren Voraussetzungen nötig. Jesus berief Fischer, Zöllner und andere ungebildete Leute in seinen Jüngerkreis, aus dessen Mitgliedern die ersten Redner vom Glauben wurden. Petrus, der bekannteste und wichtigste von ihnen, war möglicherweise Analphabet.

Zur Mündigkeit gehört, dass der Christenmensch am richtigen Ort zur richtigen Zeit das richtige, also das aufklärende, lösende, versöhnende, befreiende, Zukunft öffnende, Hoffnung begründende Wort spricht. Das kann nur ein kontingentes, «massgeschneidertes», weder vorgeschriebenes noch wiederholbares noch stereotypes Wort sein. Ein direktes, kein liturgisches, kein Wort in offizieller Öffentlichkeit.

Die Verantwortung für dieses Wort ist jedem Christenmenschen aufgetragen und kann ihm weder abgenommen noch von ihm delegiert werden, weil der Mensch seine Sprachfähigkeit nicht einem anderen abtreten kann.

Das richtige Wort am richtigen Ort zur richtigen Zeit ist Prophetie. In solchem Reden erfüllt der Christenmensch sein prophetisches Amt. Es liegt in seiner Kompetenz, auf die er nur verzichten könnte, wenn er auf das Christsein verzichtete. Darum kann diese Kompetenz durch keinerlei angeblich übergeordnete Amtlichkeit, aber auch nicht durch angebliche Gründe der Praktikabilität – wie sie etwa Luther namhaft macht – eingeschränkt werden. Das prophetische Amt ist integraler Bestandteil des Christseins. Die Kompetenz des richtigen Wortes steht unter dem *ubi et quando visum est Deo* (wo und wann es Gott gefällt). Sie liegt in der zufälligen, zufallenden, aktuell verliehenen Kraft des Heiligen Geistes, der darüber entscheidet, wo, wann und wie er «zwei oder drei im Namen Jesu Christi» zusammenführt.

Predigtstörungen

Am 7. Juli 1522 verbietet der Zürcher Rat vier Teilnehmern am Wurstessen, in der Kirche der Dominikaner weiterhin die Predigt zu stören. Einer von ihnen ist Klaus Hottinger.

Die Störungen – es waren nicht die einzigen in dieser Zeit in der Stadt – scheinen Reaktion auf eine theologische Offensive der Bettelorden von Ende Juni, Anfang Juli 1522 gegen Zwinglis Kritik an der Heiligenverehrung gewesen zu sein. «Spektakulär genug ergriff kurze Zeit später Zwingli selbst das Mittel der Predigtstörung und unterbrach den durchreisenden Bettelmönch Franz Lambert von Avignon, als dieser im Fraumünster über Maria und die Heiligen predigte. Zwingli rief aus: ‹Bruder, da irrst du!›» (Gäbler, *Huldrych Zwingli*, S. 55)

Eine Disputation «unter Beiziehung der gesamten theologischen Spitzen Zürichs» über die Predigt der Bettelmönche wurde anberaumt. Eine Ratsdelegation war anwesend; diese verfügte am 21. Juli, dass die Bettelmönche schriftgemäss predigen, nämlich das Evangelium verkündigen und die Scholastiker beiseitelassen sollten (ebd.).

Damit kommen die Predigtstörungen jedoch nicht zu einem Ende. Im Gegenteil; sie greifen auch auf die Landschaft über. Am Gründonnerstag und erneut am 22. September 1523 stört Klaus Hottingers Bruder Jakob in Zollikon die Predigt des Pfarrers. Auch Klaus Hottinger selbst wird in dieser Zeit wieder als Störer des Gottesdienstes erwähnt, diesmal im Zürcher St. Peter.

Es geht dabei offensichtlich um die Beurteilung der von der Kanzel herab verbreiteten Lehre durch das Volk im Kirchenschiff. Ist Zwingli selbst der Zwischenrufer, handelt es sich um eine Diskussion unter Fachleuten. Stört jedoch der Schuhmacher Klaus

Hottinger die Predigt, dann nimmt sich einer, der kein Bibelfachmann ist, heraus, die Lehre des Bibelfachmanns zu beurteilen und, wenn nötig, zu korrigieren.

Woher hat er die Kompetenz dazu? Leitet er sie von dogmatischen Aussagen her, beispielsweise davon, dass es in der christlichen Kirche nicht zwei verschiedene Stände geben könne, dann ist er damit schon wieder am Gängelband der theologischen Fachleute. Der Schuhmacher Klaus Hottinger hat seine Kompetenz, einem Prediger und theologischen Fachmann zu widersprechen, von nirgendwo sonst als aus dem selbstständigen Bibelverständnis. Entweder widerspricht er dem Prediger, weil der sich seiner Meinung nach nicht an die Bibel als Grundlage des Glaubens hält. Oder er widerspricht ihm, weil er über die ausgelegte Bibel anderer Meinung ist als der Prediger.

Zumindest im zweiten Fall hat Hottinger jedoch immer noch ein Legitimationsproblem. Denn der Bibelfachmann, sofern er kein Dummkopf ist, wird dem Nichtfachmann in Sachen Bibel überlegen sein. Eine grundsätzliche Berechtigung zum Widerspruch gegen den Bibelfachmann von Seiten des Nichtfachmanns kann es nur geben, wenn es zum Verstehen der Bibel noch eine andere Kompetenz braucht als nur die des Bewandertseins in der Heiligen Schrift. Es braucht dazu, mit Luther gesprochen, auch die Weltkompetenz in Gestalt der Sprachkompetenz der Mutter im Haus, der Kinder auf der Gasse, des gemeinen Mannes auf dem Markt, kurzum: die Kompetenz des Lebens in seiner bunten Vielfalt.

Für die Notwendigkeit beider Kompetenzen steht die charakteristischste Redeform des Neuen Testaments, die Art, in der Jesus, der Zimmermann, Nichtpharisäer, Nichttheologe, geredet hat: das Gleichnis. Um in Gleichnissen zu reden wie um Gleichnisrede zu begreifen, genügt Bibelkompetenz allein nicht. Wer in Gleichnissen redet und Gleichnisse auslegt, muss auch etwas von der Welt und vom Leben verstehen. Also beispielsweise davon, warum es im Israel Jesu in Äckern vergrabene Schätze gab oder wie der Perlenmarkt funktionierte und warum ein Händler bereit war, für eine Perle von herausragender Qualität seine letzten Reserven anzugreifen. Hat einer keine Ahnung davon, wie es in der Welt zugeht, schaut er nur ins Buch und nie über den Seitenrand hinaus, liegt er bei der Bibel ebenso falsch wie einer, der Gott ohne die Geschichten Abrahams und des Exodus verstehen will.

Das zeigt sich besonders deutlich daran, dass die Bibel als ganze selbst Gleichnisstruktur hat. Sie ist, wie das einzelne Gleichnis, aus Narration und Argumentation zusammengesetzt. Sie ist weder reine Erzählung noch reine Begründung, sondern die Verbindung beider. Sie ist so das Dokument der Verbundenheit Gottes mit seiner Schöpfung. Darum braucht es zu ihrem Verständnis nicht nur Gottesgelehrtheit, sondern auch Weltgelehrtheit. Denn von der Weltverbundenheit Gottes kann ohne Wissen über die Welt bestenfalls ideologisch geredet werden.

Die zum Verständnis der Bibel auch benötigte Welt- und Lebenskompetenz vermögen die Bibelgelehrten allein nicht aufzubringen, auch nicht dadurch, dass sie «dem Volk aufs Maul sehen». Dazu sind Welt und Leben zu unübersichtlich, zu widersprüchlich, zu vielfältig. Soll keine Blaupause und leblose Abstraktion entstehen, braucht es zur Auslegung der Bibel die Kompetenz eines jeden Christenmenschen. Denn Bibelauslegung will ja nicht Bibelauslegung bleiben, sondern Lebensauslegung werden. Ohne Weltkompetenz aber wäre sie nicht Lebensauslegung, sondern Lebensvergewaltigung. Wie Lebensauslegung ohne Bibelkompetenz keine Lebensauslegung, sondern blosse Weltbestätigung wäre.

Darauf machen die Predigtstörungen Klaus Hottingers und seiner Freunde aufmerksam. Von daher haben Hottinger und seine Gesinnungsgenossen die Kompetenz zur Intervention. Es handelt sich um eine grundsätzlich andere Kompetenz als diejenige Zwinglis anlässlich der Predigt Franz Lamberts von Avignon im Fraumünster. Jedoch scheinen die Theologen, deren Sache die Differenzierung gewesen wäre, es nicht bemerkt zu haben. Oder sie wagten sich nicht darauf einzulassen, weil sie insgeheim die Mündigkeit des Christenvolks fürchteten. So wie dem Zunftregiment Zürichs die Mündigkeit des Landvolkes eine apokalyptische Horrorvorstellung war.

Die Frage ist gestellt: Wie kommt die theologische Relevanz der welt- und lebenskompetenten Rede des Volkes – die Perspektive von unten – zum Zug? Als Predigtstörung? Als Ersatz der Predigt des Theologen durch die des Laien? Oder wie sonst?

Von unten gesehen
Eine Geschichte aus der Zürcher Reformation

Klaus Hottinger kannte die Leute von ihrer irdischsten Seite; er war Schuhmacher. Er wird, der Geselle vom Land, die Tochter oder Witwe eines Schuhmachermeisters in der Stadt und mit ihr das Geschäft erheiratet haben. Jedenfalls besass er beim Hechtplatz – keine schlechte Lage – ein Haus. Also nicht Prolet, schon gar nicht Gossenproletariat. Aufstrebender Handwerkerstand vielmehr und, wie solche Leute sein müssen, wenn sie es zu etwas bringen wollen, intelligent, beredt und unternehmungslustig.

Er kam aus Zollikon, das ausserhalb der Stadt seeaufwärts liegt. Dort war sein Bruder Jakob Bauer und sollte, unerschrocken und ebenfalls nicht aufs Maul gefallen, zu den Gründern der ersten Täufergemeinde gehören. Für einen zweiten Sohn gab der Gewerb zu wenig her. Klaus Hottinger hatte ausziehen müssen. Wollte er nicht in fremde Kriegsdienste gehen, nach Frankreich oder zum Kaiser oder zum Papst, dem die Zürcher das grösste Kontingent seiner Schweizergarde lieferten, dann musste er Arbeit in der Stadt finden. Er scheint Glück gehabt zu haben. Die Aufnahme in die Schuhmacherzunft war ihm so gut wie sicher. Und wenn einmal zünftig, wurde man vielleicht bald schon in den Rat delegiert. Nebenher betrieb der Geschäftstüchtige einen Salzhandel.

Salz war ein Luxusartikel, für viele ebenso unerschwinglich wie neue Schuhe. An den Schuhen aber könnt ihr sie erkennen. In der Stadt liefen sommers mehr Leute barfuss herum als beschuht und nicht wenige auch im Winter.

Waren die Bauern von Zollikon seit je stadt- und regimentskritisch, so muss die Stadt selbst den Schuhmacher und Salzkrämer trotz einsetzender gesellschaftlicher Karriere noch kritischer gemacht haben. Hier war die Armut der Armen sichtbarer als ausserhalb der Mauern; hier gaben die Reichen höher an als dort. Und all die wohlversorgten Pfaffen, Helfer, Chorherren, Kaplane, Früh- und Spätmessner, Priore, Patres und Brüder. Was taten sie den lieben langen Tag ausser Messe lesen, Beichte hören, Litaneien murmeln, essen, trinken, Opfer zählen und auf Kosten andrer Leute leben? Sie werden Klaus Hottinger von Kindsbeinen an missliebig gewesen sein. Denn Zollikon war dem Grossmünsterstift zehntpflichtig, und die Stiftsherren waren unnachsichtig, wenn's um das ging, was sie ihre Rechte nannten. Ob die rechtens seien, war Klaus Hottinger und manch anderem immer weniger klar. Klar war hingegen, dass die Bauern hätten aufblühen und gedeihen können, wenn der Zehnte dahingefallen wäre.

Ging Klaus Hottinger zu seinen Leuten nach Zollikon, kam er unmittelbar ausserhalb der Mauern durch Stadelhofen, eine Häusergruppe mit einer Mühle. Vor der Mühle war übermannshoch das Kreuz des Heilands aufgerichtet. «Heiland», dachte Hottinger manchmal im Vorübergehen. «Sie haben einen Tyrannen aus dir gemacht, der das Marterwerkzeug gegen uns braucht.» Jeden, der vorbeiging, schimpfte das Kreuz einen Sünder. Keiner konnte ausweichen, da in diese Welt hinein geboren, die das Sklavenhaus der Sünder war.

Ein Sünder verdient Strafe, soll Busse tun, sein Herz zerbrechen; nur zerbrochene Herzen gefallen Gott. Zum Zeichen aber, dass die Zerbrochenheit des unsichtbaren Herzens nicht geheuchelt sei, hatte der Sünder sichtbar zu machen, dass er's mit der Busse ernst meine. Wer zahlt, meint's ernst. Denn Zahlen tut weh. Dem Armen mehr als dem Reichen. Also mussten die Leute dem lieben Gott, vertreten durch sein Personal, Bussgeld zahlen, weil sie Sünder, ja eigentlich weil sie Menschen waren. Den Zehnten mussten sie abliefern und darüber hinaus möglichst noch ein Zusätzliches tun. Wie Heini Hirt, der Müller von Stadelhofen, der vor seiner Mühle das unübersehbare Kreuz aufgestellt hatte, das ihn als fromm zerknirschten Christen auswies, was dem guten Ruf wie dem Geschäft förderlich war.

Da stand es und sagte: Deine Sünden haben den Heiland ans Kreuz geschlagen, tu Busse! Kein Wunder waren die Kirchen voll von gestifteten Bildern, Statuen, silbernen und goldenen Gerätschaften, geradezu überbordend die zuletzt eingerichtete, die Wasserkirche. Der Bürgermeister Hans Waldmann hatte sie ausstaffieren lassen und dabei keine Kosten gescheut. Das hatte die Zürcher freilich nicht davon abgehalten, ihm vor dreissig Jahren den Kopf vor die Füsse zu legen. Der Waldmann war ihnen allzu sehr hinter Pensionen her gewesen. Genauso, nämlich wie der Teufel hinter einer armen Seele und Waldmann hinter den Pensionen, war die Geistlichkeit im Zeichen des Gekreuzigten hinter Zehnten, Sporteln und unzähligen weiteren Abgaben her.

Dann fing Zwingli Anfang 1519 im Grossmünster zu predigen an, und sogleich blies ein neuer Wind durch die Stadt. Es begann nach Freiheit zu riechen. Hottinger wollte nicht bloss zuschauen wie die Kinder, die Jesus im Gleichnis tadelt. In den Lesekreis Zwinglis, vornehm Sodalität genannt, passte er zwar nicht; das war etwas für Studierte. Aber warum sollte der gemeine Mann keinen Lesezirkel haben? Klaus sprach mit dem Buchhändler Castelberg. Nicht bloss Verkäufer, sondern selbst der neugierigste Konsument seiner Handelsware und in den alten Sprachen bewandert, fand dieser die Idee ausgezeichnet, und ebenso fanden sie der Kammmacher Aberli, der Bäcker Pur, der Schneider Hochrütiner, Klaus Hottingers Bruder Jakob und andere. Man traf sich regelmässig, Castelberg las vor und übersetzte, darauf folgte die Diskussion. Was sie lasen? Das aktuellste Buch, bis vor kurzem so gut wie unter Verschluss gehalten: die Heilige Schrift.

Sie lasen und hörten durchaus anders als Zwinglis Sodalität. Das merkte Klaus Hottinger, als ein paar Freunde um den Buchdrucker Froschauer in der Fastenzeit 1522 als Zeichen christlicher Freiheit gemeinsam Fleisch assen. Zwingli sass zustimmend dabei, ass selbst jedoch nicht, während die übrigen, Handwerker meist, mit Heisshunger und Lust die gesottenen Würste verzehrten. «Für ihn geht es um etwas anderes als für uns», sagte Hottinger nachher zu Castelberg. «Für ihn handelt sich's um eine Sache des Kopfs. Für uns ist's eine von Kopf und Bauch zugleich, und dazwischen liegt das Herz. Sein Hunger zielt aufs Denken, unser und der Bauern Hunger aufs Essen und Denken. Für ihn auf seiner Pfründe ist das Essen selbstverständlich. Für uns nicht; wir müssen's erst erwerben. Darum vermögen wir Kopf und Bauch nicht zu trennen, wir zerschnitten sonst das Herz.»

Ende Januar 1523 war auf dem Zürcher Rathaus die grosse Disputation. Die schriftgemässe Predigt setzte sich durch. Hottinger und seine Freunde fragten sich, was «schriftgemäss» heisse. War auch die Weise des Volks, die Bibel zu lesen, gemeint? Sie wollten dem durch eine grosse Volksversammlung auf dem Lindenhof Nachdruck verschaffen. Doch der Rat, in alter Angst der Regierenden vor dem Volk, liess es nicht dazu kommen.

Und Zwingli? Mitte Juli erschien die Begründung seiner Disputationsthesen vom Januar im Druck. Und bald wurden auch in

Castelbergs Lesezirkel Sätze kolportiert wie der: «Got heisst durch den Mund Pauli, dass alle Menschen der Oberghheit söllend gehorsam sin; dann alle Oberkeit sye von Got. Daraus wir merckend, dass auch die bösen, gotlosen Obren von Got sind; doch gibt Got söliche Obren, damit er unsere Sünd straffe.» Da war er wieder, der Gekreuzigte als Sündenbüttel. Und prompt bekräftigte ein Ratsmandat die Pflicht des Zehnten.

Viele machten die Faust im Sack. Man müsse sie aus dem Sack nehmen und brauchen, fand Klaus Hottinger. Wie, das wusste er, als er im Herbst Heini Hirt, dem Müller von Stadelhofen, über den Weg lief. Wann er endlich den Götzen vor seiner Mühle wegschaffe, so Hottinger. Der Müller wurde verlegen. Zwar hatte er durchaus Sympathien für Zwinglis Predigt, aber er fürchtete die Konsequenzen des Vorpreschens, insbesondere fürs Geschäft. Da sagte Klaus: «Verkauf mir das Kreuz, und ich tue, was zu tun ist.»

In einer der folgenden Nächte legen Klaus Hottinger, Lorenz Hochrütiner und Hans Oggenfuss das Kreuz um. Als es Tag wird, ist das Sakrileg unübersehbar. Die Täter sind schnell identifiziert und festgenommen. Sechs Wochen später wird Klaus Hottinger für zwei Jahre des Landes verwiesen.

Er wandte sich in die Gegend von Baden, die Gemeine Herrschaft war und zu der Zeit von einem Luzerner Landvogt regiert wurde. Der liess den auf Strassen und in Wirtshäusern referierenden Schuhmacher verhaften und nach Luzern überführen. Dort fanden sich die erwünschten Richter. Der Fürsprache Zürichs ungeachtet wurde Klaus Hottinger am 4. März 1524 geköpft.

Heinrich Bullinger beschwört in seiner Reformationsgeschichte Klaus Hottinger ausführlich als den ersten Märtyrer der Schweizer Reformation. Wo so laut gesungen wird, soll vielleicht etwas übertönt werden. Zweierlei fällt einem ein. Zum Ersten: Plagte den Zürcher Antistes angesichts des strengen Theologenregiments in der Zürcher Kirche das Gewissen, weil die Bibel nun doch kein wirkliches Volksbuch und ihre Auslegung wieder Theologenmonopol geworden war? Und zum Zweiten: Beunruhigte ihn, dass die Wegkreuze zwar abgetan waren, jedoch nicht der Zehnte, und dass der Gekreuzigte dem gemeinen Mann darum immer noch als Schuldenbüttel vorkommen konnte?

Das Kreuz in Stadelhofen

Klaus Hottinger weiss spätestens seit dem Fastenbruch, dass nicht nur Worte sprechen. Taten auch. Manche, je nachdem, wie wortgeladen die Lage ist, noch viel deutlicher als Worte. Und wenn Obrigkeit und Theologenschaft meinen, dem Volk das Wort entziehen oder dem Wort des Volkes die theologische Relevanz absprechen zu können, dann lehrt eine sprechende Handlung in nichtoffizieller Öffentlichkeit sie das Gegenteil. Im September 1523, nachdem Leo Jud am 1. September im St. Peter gegen «Götzen» gepredigt hat (Opitz, *Ulrich Zwingli*, S. 40), legt Hottinger mit zwei Freunden das Wegkreuz vor der Mühle in Stadelhofen um, und auf der Zweiten Zürcher Disputation vom 26. bis 28. Oktober 1523 wird als Folge prompt auch über die Bilder, ihre Verehrung und ihre Entfernung – in erster Linie aus den Kirchen – verhandelt.

Das amtliche Ergebnis wird keine runde Rechtfertigung von Hottingers und seiner Freunde Tun mehr sein wie noch in *Die freie Wahl der Speisen*, jener ersten reformatorischen Schrift Zwinglis, die aus der Predigt vierzehn Tage nach dem Fastenbruch von 1522 erwuchs. Darum sind diejenigen, die vorwärtsdrängen – und das sind die Leute aus Castelbergers Lesezirkel – mit dem Ergebnis der Disputation in Sachen Bilder nicht zufrieden. Zwingli erscheint ihnen nicht mehr als das Zugpferd der Zürcher Reformation, sondern eher als Bremser.

Sicher ist, dass Hottinger und seine Freunde inzwischen im Castelberger'schen Lesezirkel viel diskutiert und dabei viel gelernt haben. Sie sind nicht mehr dieselben wie beim Fastenbruch anderthalb Jahre vorher. Sie haben eine eigene Weise der Bibelauslegung entwickelt, ohne Belehrung durch die Theologen. Klaus Hottingers Tat ist höchst wahrscheinlich eine Folge davon. Also die eines Bibelverständnisses aus der Perspektive von unten.

Die Tat selbst gibt Charakteristika dieser Perspektive zu erkennen. Sie ist viel unmittelbarer beim Alltag als die der Theologen. Denn sie muss sich nicht vor Denktraditionen rechtfertigen und gegen Autoritäten durchsetzen. Die Bibel redet zu dem Konkreten, das den Handwerkern gegenwärtig Sorgen macht. Sie suchen Antworten auf ihre Fragen und Anleitung für ihr Tun.

Das birgt die Gefahr von Gesetzlichkeit in sich. Also, dass nicht gesagt wird, was für uns getan ist und wird, sondern was nicht ist und von uns getan werden muss. Jedoch macht Hottingers Tat in Stadelhofen doch eher den Eindruck, das Ergebnis der Bibelauslegung von unten werde als Befreiung zur Tat – aufgrund geschehener Tat für uns – verstanden. Vergleichbar mit den Zehn Geboten, sofern sie als Aufforderung zu bestimmtem Tun und Lassen begriffen werden unter gleichzeitiger Verheissung: Du wirst im Reich Gottes keinen Grund mehr zum Morden haben, also wirst du doch jetzt diese Verheissung nicht Lügen strafen und morden wollen.

Zugleich lässt Hottingers Handeln eine gewisse Ungeduld spüren. Es geht ihm und seinem Kreis zu langsam. Zwingli und die übrigen Theologen sind ihnen zu zögerlich. Für den Nichttheologen gehören Wort und Tat viel unmittelbarer zusammen als für die vornehmlich mit Worten beschäftigten Theologen. Handwerker können mit der Arbeit nicht warten, bis das Wort geklärt ist. Sie müssen handeln und drängen darum auf ein klärendes Wort. Handwerker sind notgedrungen Realisten und von keinerlei Nominalismus angekränkelt. Die Fällung des Wegkreuzes soll als nicht offizielle, aber öffentliche Tat Bewegung in die öffentliche Bilderfrage bringen, wie es der Fastenbruch in der Fastenfrage tat.

Was aber soll gemäss dieser Perspektive von unten mit derjenigen von oben geschehen? Fällt sie als überflüssig dahin? Braucht's gar keine studierten Theologen mehr? Schon die Predigtstörungen können so verstanden werden. Müssen aber nicht. Sie können ebenso gut verstanden werden als Appell an die Theologen, über der Perspektive von oben die von unten nicht zu vergessen. Will heissen: eine Koordination der beiden Perspektiven in theologischer Verantwortung an die Hand zu nehmen.

Hirt und Herde

Der Hirt. Der Titel gibt den Ton an und dem Tarif durch. Es braucht Hirten. Die Herde hat sie nötig, als Vorbilder und Wächter, damit sie nicht in alle Richtungen auseinanderläuft. Dieser Meinung war schon der alte Ambrosius von Mailand. Zwingli beruft sich auf ein noch älteres Buch, den *Pastor* des römischen Christen Hermas, geschrieben um 130. Es «war die beliebteste ausserkanonische Schrift der frühen Kirche. Im Mittelalter noch gelegentlich zitiert, fand sie erst wieder die Aufmerksamkeit der Humanisten.» (Lavater, *Einleitung zu «Der Hirt»*, S. 441, Anmerkung 6). Es scheint, dass Zwingli selbst den *Pastor* nur vom Hörensagen kennt, wie die meisten in seiner Zeit; darum will er mit seiner Schrift einen in seinen Augen dringend nötigen Ersatz schaffen.

Dass die Herde auseinanderlaufe, war 1524 die grosse Gefahr. Seit der Zweiten Zürcher Disputation vom Oktober 1523 wurde die Trennung der reformatorisch Gesinnten in Zürich immer deutlicher. Und auf der Landschaft gärte es gefährlich. Vieles kam da zusammen. Ablehnung des Zehnten, Basisopposition, der die Bilder in den Kirchen ein Ärgernis waren – man vergleiche die auffallende Ähnlichkeit zur Französischen Revolution, als in und an Kirchen reihenweise Statuen geköpft wurden, die israelitische Könige darstellten, etwa an der Fassade von Notre Dame in Paris. Kunst stand im Verdacht, Herrschaftsideologie zu befestigen. Zudem Verwerfung der Kindertaufe, Verweigerung des Eids auf die Regierung unter Berufung auf die Schrift, schliesslich Verdammung des Staates als eines Teufelswerks.

Schaut man näher hin, wird klar: Der Grundsatz, der aus dem Wurstessen und der darauf folgenden theologischen Reflexion hervorging, dass, was nicht in der Schrift geboten ist, für den Glauben nicht verpflichtend sei, erwies sich als nicht so eindeutig wie angenommen. Inzwischen hatte sich der Lesezirkel um den Buchhändler Castelberger etabliert, und darin wurde manches anders verstanden als von den Theologen. Das Miteinander, das das Wurstessen vom ersten Fastensonntag 1522 zu einem fruchtbaren reformatorischen Datum gemacht hatte, war zerbrochen.

In dieser schwierigen Lage predigt Zwingli und macht, wie schon nach dem Fastenbruch, aus der Predigt ein Buch. Titel: *Der Hirt*. Die Frontstellung scheint dieselbe wie in *Die freie Wahl der Speisen*. Wie dort gegen falsche Vorschriften, richtet sie sich hier gegen falsche Hirten. Aber Hirten braucht es unstreitig. Und darum ist die Frontstellung eben doch anders geworden. Die Perspektive der Theologen wird als allein legitime begründet. Eine patriarchalische Perspektive ganz nach der Art, wie sich die Zürcher Räte, aus städtischen Zunfthonoratioren zusammengesetzt, verstehen. Als die Vormünder des Volkes.

Dass diese Parallele biblisch legitim sei, bestreiten die sich nun formierenden Täufer, allen voran die in Zollikon. Sie bestehen auf der biblischen Legitimität ihrer Perspektive. Und da die Obrigkeit und ihre Kirche Staat und Kirche höchstens theoretisch unterscheiden, zeigen sie sich wehrlos, als die Täufer mit der instinktiven Treffsicherheit des aufgebrachten Volkes die staatlich wie kirchlich verordnete Kindertaufe als unbiblisch angreifen.

Die Predigt über die Hirten und die daraus resultierende Schrift haben programmatischen Charakter. Sie nehmen eine Metapher aus dem Johannesevangelium auf, die in den drei Synoptikern gar keine und in den übrigen Schriften des Neuen Testaments fast keine Entsprechung hat. Jesus als der gute Hirt der Schafe, Johannes 10, der in Johannes 21,15 Petrus zum Hirten seiner Lämmer einsetzt.

Im Alten Testament ist die Rede von Hirt und Herde überwiegend kritisch akzentuiert: schlechte Hirten führen die Herde in die Irre. Zwingli nimmt das auf und wendet's gegen die falschen Hirten. Dass «Der Herr ist mein Hirt» (Psalm 23) die auf Menschen bezogene Metapher grundsätzlich infrage stellen könnte, ist nicht im Blick. Dabei erscheint die Metapher von menschlichem Hirt und seiner Herde biblisch fast ausschliesslich in negativem Zusammenhang; sie legitimiert nirgends (auch nicht in Numeri 27,17, wo Mose Gott um einen Mann bittet, der die Gemeinde heimführt, damit sie nicht sei wie «Schafe, die keinen Hirten haben») den Führungsanspruch einer bestimmten Schicht, steht aber oft für den Widerspruch gegen einen solchen.

Auch die Rede in Johannes 10 vom guten Hirten nennt zwar die Christen metaphorisch Schafe, hat aber keine grundsätzliche Hirt-Herde-Struktur der christlichen Gemeinde im Sinn. Als tragfähiges Argument dafür ist auch die Aufforderung an Petrus «Weide meine Schafe» (Johannes 21,16) zu schwach. Erst recht, wenn Johannes 16,7f. beachtet wird: Jesu Weggehen macht die Jünger mündig, denn es ist die Voraussetzung für das Kommen des Parakleten, des Heiligen Geistes. Dieser ist nicht «Fürsprecher» im Sinn von Vormund der Jünger. Sondern er wird sie in die ganze Wahrheit leiten (Johannes 16,13). Er ermächtigt sie also zum Reden, um durch ihr Wort die Welt zu überführen und aufzudecken, was Sünde, Gerechtigkeit und Gericht ist (Johannes 16,8).

Diese neutestamentlichen Ansätze sind präzis aufgenommen in der Bezeichnung der nachösterlichen Gemeinde als Ekklesia. Denn der politische Begriff *ekklèsia* meint die Mündigen, die keineswegs nur hören, sondern auch selbst reden.

Eben das aber meint Zwingli im *Hirt* nicht mehr. Das Volk dürstet nach dem Worte Gottes; es zu predigen ist die Aufgabe des Hirten, «den wir auch Bischof, Pfarrer, Leutpriester, Prophet, Evangelist oder Prädikant nennen» (Zwingli, *Der Hirt*, S. 255). Kein Gedanke daran, dass die Verbreitung des Wortes Gottes auch, vielleicht gar hauptsächlich, ausserhalb des Gottesdienstes geschehen könnte und «die Schafe» aktiv daran teilhätten. Daran wird auch Zwinglis Entwurf einer Abendmahlsliturgie nichts ändern.

Zwingli orientiert sich im *Hirt* an dem ansatzweise schon seit den Pastoralbriefen, jedenfalls aber seit *De officiis ministrorum* (Von den Pflichten der Kichendiener) des Ambrosius (der seinerseits von Cicero beeinflusst ist) üblichen Gedanken des Hirten als Vormund und Vorbild der Herde – übrigens mit Ausnahme ausgerechnet des von ihm erwähnten *Pastor* des Hermas. Das passt zur Zweiständekirche mit ihrer Sakralisierung der kirchlichen Hilfsfunktionen. Es passt nicht zu der mündigen Gemeinde, der man die Bibel in ihrer Sprache in die Hand gibt.

Was soll mit dieser Mündigkeit geschehen? Inwiefern hat sie Relevanz? Welche Rolle spielt sie in der Ekklesia, die doch die Versammlung der Mündigen ist? Darauf hat Zwingli im *Hirt* keine Antwort.

Liturgische Bevormundung

Beim Wurstessen in Froschauers Haus ging es dem Vernehmen nach beinahe liturgisch zu. Die Teilnehmer sassen um den Tisch herum, wie man sich das letzte Mahl Jesu mit seinen Jüngern vorstellt; Wursträdchen, deren Form an die Oblate erinnerte, wurden ausgeteilt. Die Handlung war deutlich. Jedoch wissen wir nicht, was dazu gesprochen wurde. Sicher keine liturgischen Formeln und Sätze. Das hätte in die Nähe der Blasphemie geführt und den

Behörden zu leichte Handhabe zum Einschreiten gegeben. Aber gesprochen worden wird sein. Gewöhnliche Worte vermutlich, wie man sie halt zueinander sagt, wenn man miteinander isst. Zurückhaltend freilich, wohl kaum ein Geschwätz, denn die Teilnehmer müssen in erheblicher Spannung gewesen sein; sie konnten sich ausrechnen, dass ihre Aktion nicht die angenehmsten Folgen für sie haben werde. Jedoch war, unter Berücksichtigung dieser Hürde, das Wort frei und lag bei den Laien. Ein «offizielles», schon gar das eines «Hirten», gab es nicht.

Will man dem freien Wort des Volkes die theologische Relevanz entziehen, gibt man ihm liturgisch zu rezitieren. Ein probates Ausweichmanöver. Eines geradezu nach dem Gesetz umgekehrter Reziprozität: je mehr liturgische «Mitsprache» des Volkes, desto weniger theologisches Gewicht seines freien, nicht vor-geschriebenen Wortes.

Zwingli bedient sich in seinem Entwurf einer Abendmahlsliturgie 1525 dieses Tricks. Er lässt «man und wyb» im Gemeindeverband «konzelebrieren»; sie kommen ausführlich zu Wort. Zu welchem Wort? Nicht zum eigenen, in der Freiheit persönlicher Verantwortung aufs biblische bezogenen, sondern zum liturgischen, also zum von den Theologen und, wie sich sogleich zeigte, in letzter Instanz sogar von der Regierung vorgeschriebenen Wort.

Der Rat nämlich, beunruhigt durch Bildersturm, Predigtstörungen und weitere Turbulenzen, angesichts von Zehnten- und Taufverweigerungen in Sorge um die öffentliche Ordnung und den Staat, verstand die Absicht Zwinglis nicht und wollte «man und wyb» das Wort überhaupt nicht geben. Hören sollten sie, aber nicht selbst reden, auch nicht liturgisch gebunden, wie's ihnen Zwingli im Sinn eines Ersatzes und nicht ganz ohne Rosstäuscherei zugestehen wollte. Der Rat lehnte den Vorschlag ab.

Er war damit objektiv ehrlicher als der Reformator. Denn was der Rat durchsetzte, redende Theologen, schweigendes Volk, zeigte deutlicher als Zwinglis Vorschlag, dass dem freien Wort des Volkes die theologische Relevanz entzogen war. Zwinglis Ausweichmanöver lief auf dasselbe Resultat hinaus wie das Luthers in der Schrift an den christlichen Adel. Alle Christenmenschen haben grundsätzlich die Kompetenz zum verkündigenden Wort. Jedoch «ziemt» es nicht allen, die Kompetenz in Anspruch zu nehmen, im Gegenteil:

Es ziemt sich, sie zu delegieren. Damit es einleuchtet, wird Verkündigung flugs mit der Kanzelpredigt im offiziellen Gottesdienst identifiziert, siehe Römer 10,17, wo Luther «Verkündigung» selbstverständlich mit «Predigt» übersetzt. Es kann doch kein vernünftiger Mensch erwarten, dass alle predigen und niemand zuhört. Es wäre ja nur schon zu wenig Platz auf der Kanzel.

Warum dieses offensichtliche Misstrauen gegen das Wort des Volkes, das Luther gern abschätzig den «Herrn Omnes» nennt? Natürlich geben die Täufer Grund dazu, besonders in den Augen des Rates, der schliesslich für die öffentliche Ordnung verantwortlich ist – und sein Regiment nicht durch basisdemokratische Regungen zweifelhaft machen lassen will. Warum aber auch bei den Theologen das Unbehagen? Weil das «Volk» ja nur theoretisch «Christenvolk» ist. Es ist viel mehr «das arm verführt Volk» (Luther in dem Lied *Vater unser im Himmelreich*). Es ist, besonders in den Augen der Reformatoren und ihrer Nachfolger, ein erst werden sollendes, zu missionierendes Christenvolk. Konstantin und seine Nachfolger hatten grundsätzlich alle Staatsbewohner christlich eingemeindet und dadurch das Christenvolk vollends in zwei Stände geteilt, in die Vollchristen und die Halbchristen, nämlich in die Priester beziehungsweise, seit der Reformation, die predigenden «Hirten» und das angepredigte Volk. Wer's nicht glaubt, sehe, was für eine verräterische Rolle das Pfarrhaus in den protestantischen Kirchen alsbald spielen sollte, und lese in Zwinglis *Hirt* nach, wie dem Autor ganz nach dem Muster des Ambrosius der Pfarrer zum Vorbildchristen gerät.

Bei Identifikation der Predigt mit der Verkündigung des Evangeliums und der Scheinkompensation des freien Wortes des Volkes durch liturgische Rezitation fällt dieses ausser Abschied und Traktanden. Das freie Wort des Volkes hört auf, ein Thema der Theologie zu sein. Und das allgemeine Priestertum, von Luther, etwa in der Schrift an den christlichen Adel, in so hohen Tönen besungen, wird zum Lippenbekenntnis.

Die Kombination der Perspektiven ist gescheitert, die Diskussion beendet. Bald hat in dieser Frage nur noch die Limmat als Assistentin des Scharfrichters das Wort.

Zwinglis Nacht
Ein Hörspiel

Stimmen:
- Die Limmat
- Ulrich Zwingli
- Konrad Grebel
- Martin Luther
- Ein Richter
- Der Chor der Täufer
- Ein Sprecher
- Eine Amerikanerin
- Ein Zürcher
- Ein Festredner
- Frau Zwingli
- Ein Gerichtsbote
- Die singende Gemeinde

I

Man hört die Limmat rauschen und Zwingli im Schlaf schnaufen.

Limmat:	Ich bin die Limmat, Zwingli. Die Limmat, hörst du. Zwingli, hörst du mich?
Zwingli:	Ich schlafe. Und auch wenn ich nicht schliefe, wäre die Limmat hier oben, hinter dem Münster, nicht zu hören.
Limmat:	Nicht am Tag, nein, am Tag bin ich nicht zu hören, aber in der Nacht. In einer Nacht wie dieser. Ich fliesse durch deinen Traum, verstehst du? Durch deinen Kopf lasse ich die Wasser rauschen, Herr Magister. Das ist es, was Ihr hört.
Zwingli:	Mich friert, dass ich dich höre.
Limmat:	Ich bin kalt in dieser Jahreszeit. Bin überhaupt ein kaltes Wasser, besonders aber in dieser Jahreszeit, im Januar. Zu kalt für einen Menschen. Nicht einmal die Hunde baden jetzt, im Januar, und würfst du ihnen einen Knochen in den Fluss. Doch du, du

hast es mit dem Januar. Geboren am ersten Januar. Stelle am Münster angetreten am ersten Januar. Und jetzt – meine Dienste bemüht im Januar.

Zwingli: Ich werfe dem Teufel einen Knochen ins Wasser, dass er baden geht, der Hund.

Limmat: Ich bringe euch Wasser, Leutpriester. Tränke täglich die ganze Stadt, führe ab, was ihr täglich hinter euch lasst. Ich taufe euch, wenn ihr kleine Kinder seid, wie der Rat und du beharren, und wasche euch die Unreinheit des Jammertals vom Leib in eurer letzten Stunde. Mit meinem Wasser säubert ihr die Stuben eurer Häuser und die Treppen, darüber die Füsse der Gläubigen wie der Ungläubigen laufen, die ihren Schmutz drauf lassen. Ich führe euch den Wein zu, den ihr auf den Stuben trinkt, und liefere euch den Fisch, den ihr bis vor kurzem besonders am Freitag asst. Das tue ich für euch, jeden Tag mit Fleiss, werktags und sonntags, Leutpriester, auch sonntags, ohne Unterlass.

Und jetzt verlangt ihr von mir, dass ich euch auch noch die Ketzerei abführe. Das ist viel verlangt, sehr viel! Oder wollt ihr mich dafür bestrafen, dass ich mein Wasser den Ketzern für ihre Taufe ebenso wie euch für eure zur Verfügung stelle? Lässt Gott nicht seine Sonne aufgehen über Böse und Gute und regnen über Gerechte und Ungerechte? Und wer, Meister Zwingli, wer ist ganz gut und wer ganz bös? Wer hätte es nicht nötig, sich von mir waschen zu lassen?

Zwingli: Du redest, wie du's verstehst. Hast einem Pilatus seinerzeit wohl schon die Hände gewaschen.

Limmat: Und manchem andern noch! Ich glaube bald, Leutpriester, du liessest mich am liebsten in mir selbst ersäufen, wenn du könntest. Da's nicht zu machen ist, wird morgen der Manz hineingeworfen, gefesselt an den Händen und den Füssen.

Zwingli: Nicht ich fessle ihn. Nicht ich werfe ihn hinein.

Limmat: Du redest, wie deine Biografen und Apologeten reden werden, bald schon und für lang.

Zwingli:	Das Urteil ist noch nicht gesprochen.
Limmat:	Steht aber fest. Und wenn es einer ändern könnte, so wärst du's.
Zwingli:	Ich bin im Recht. Der Manz ist ein Ketzer.
Limmat:	Du bist im Recht. So sehr im Recht, dass nur dem Recht des Widerparts mein Wasserbad vonnöten ist, und deinem nicht.

2

Täuferchor:	Bluthund! Schleicher vor der Obrigkeit! Feind des Evangeliums!
Limmat:	Das sind die Wiedertäufer. Hörst du sie vor deinem Haus?
Zwingli:	Wie sie schreien!
Täuferchor:	Der Zehnte ist gegen die Schrift! Jede Obrigkeit ist vom Teufel! Die Pfaffen sind gegen den Geist. Wir haben den Geist der Heiligung und der Erlösung. Wir sind frei, frei, frei!
Zwingli:	Es muss etwas geschehen! Das Täuferpack stürzt alle Ordnung um. Das Fleisch macht sich breit. Ihr Bürgermeister, Rät und Bürger, es muss etwas geschehen!
Limmat:	Rät und Bürger schlafen tief in dieser Nacht, Leutpriester. Den Schlaf der Gerechten schlafen sie und hören nicht. Die Täufer aber, die sind wach in deinem Traum und stehen vor deinem Haus und schreien.
Täuferchor:	Bluthund! Schleicher vor der Obrigkeit! Feind des Evangeliums!
Limmat:	Sie waren doch deine Freunde, bis noch vor kurzem. Schau dir die Leute an. Es ist manches früheren Parteigängers Gesicht dabei.
Zwingli:	Schöne Freunde und zuverlässige Parteigänger, das! Wollen mit ihrer neuen Taufe die Kinder aus der Kirche stossen. Wollen den Glauben zu einem Menschenwerk erklären, wo er in Wahrheit Gottes neue Schöpfung an uns ist. Und begehren frei zu sein, bar

| | jeder Obrigkeit, jeder sich selber Obrigkeit genug. So müssten aus den Menschen Wölfe werden, und es wär' ein Leben auf der Welt, dass Gott erbarm. |

Grebel: Wo ist dein Wagemut geblieben, Zwingli? Wo hast du die Tatkraft deiner früheren Jahre gelassen?

Zwingli: Wer war es, du, Grebel, oder ich, der mit der lauteren Predigt begann in dieser Stadt? Wer war es, der die Messe verwarf, als es leicht noch einen Scheiterhaufen eintrug, du oder ich? Was überhaupt tust du hier? Hat dich der Teufel nicht gewollt und in die Welt zurückgeschickt? Du bist, denk ich, verbannt, aus der Stadt und aus dem Land, und an der Pest gestorben in Graubünden.

Grebel: Aus den Träumen wenigstens muss ich mich nicht verbannen lassen. Auch nicht aus deinem Traum, alter Freund und neuer Feind, und auch nicht durch den Tod. Ruf die Polizei, wenn du kannst und willst. Sie soll mich fangen, in deinem Traum gefangen nehmen und abführen, gebunden und geknebelt, aus deinem Kopf, aus deinem Geist bei Urfehde verbannen, unter Androhung von Feuer und Schwert. Lass nur den Bürgermeister kommen. Auch er wird mich nicht austreiben, da ich ein Traum geworden bin. So weit reicht sein Arm nicht, nicht einmal bei dir.

Zwingli: Man muss euch den Garaus machen.

Grebel: Wie du tust mit Felix Manz, meinem lieben Freund, morgen früh.

Zwingli: Nicht ich tue.

Grebel: Du lässt tun. Ich weiss. Binden an Händen und Füssen, die gefesselten Hände über die Knie hinab, einen Knebel zwischenein, und dann ins Wasser mit dem so verschnürten Pack. Und wird kein Schmutz an deinen Händen kleben. Auch kein Blut. Denn blutig kann man diese Rechtsprechung beileibe nicht nennen, verwässert eher. Das Wasser der Limmat besorgt euch die Gerechtigkeit, die Richtigkeit des Glaubens – und mit Wasser wäscht man die

	Hände in Unschuld. Es sind immer die Richter, nie die Gerichteten, die ihre Hände in Unschuld waschen. Was anderes ist es als die Taufe, was der Manz morgen früh empfängt?
Zwingli:	Du Erzschelm und Ketzer! Wir wollen euch das Wasser schmecken lassen. Ihr sollt eure Wiedertaufe haben, gebunden an den Händen und den Füssen. So wird man euresgleichen eintauchen, die ihr keine Menschen mehr genannt zu werden verdient. Und wird euch eurem Herrn, dem Teufel, überlassen. Man hätte dir gleich tun müssen wie dem Manz.
Grebel:	Das änderte nichts. Vergiss nicht, ich bin in deinem Kopf. Du musst dich schon selbst ersäufen, wenn du mich heraushaben willst. Stürz dich in die Limmat, geh zu ihr, sie soll dich wiedertaufen, und du bist mich los. Oder lass dir vom Henker den Kopf abschlagen, wenn dir das Wasser von wegen der Wiedertaufe widersteht. Du wirst von mir nicht eher als von dir selber frei. Hör, wie sie richten.
Richter:	Als dann Felix Manz von Zürich, der da gegenwärtig stat, und ander sin mitverwandten und anhänger, wider christenlich ordnung und bruch sich in den widertouf begeben und ingelassen, denselben angenommen, ander volk gelert, und sunderlich er ein rechter houptsächer und anfänger der dingen gewesen ist; habend unser Herren Bürgermeister, Rät und der gross Rat etceteri den genannten manzen und ander durch ihr prädicanten und der heiligen geschrift gelerten und verständigen mit der rechten göttlichen geschrift alts und nüws testaments berichten lassen, dass der widertouf nach dem wort Gottes nit bestan möge, sonder verworfen und gmeinen christenlichen ordnungen abbrüchig und verletzlich, und der kindertouf, so unzhar in gmeiner Christenheit gebrucht, gerecht und dem wort Gottes gemäss syge; darzuo in und ander mit allem müglichen fliss und ernst uss warer göttlicher geschrift und evangelischer lere von solicher

ir irrtumb und eigenköpfige abzuostand, ouch sich gmeinem christenlichen bruch zuo verglichen, zum höchsten und brüederlich ermanen lassen; – als aber etlich in irem verstopften fürnemen für und für eigenwillenklich beharret und sich ouch davon nit wellen lassen abwisen; habent die gemeldten unser Herren nach solicher ir vilgehebten christenlichen ermanung, als weder guots noch böses an im gar nüt hat wellen helfen, witer und mer ärgernuss und übels, so daher folgen möchte, zuo verkummen, ernstlich gepott und mandat in ir stadt, land, gericht und gepieten allenthalben lassen usgan und offenlich verkünden: welicher sich hinfür solichs widertoufs underzüchen, gepruchen und anhangen, ouch davon leren und nachfolgen wurde, dass der- oder dieselben personen, es syen frowen oder mannen, jung oder alt, an alle gnade ertränket werden sollten.

Luther: Man muss den alten Adam täglich ersäufen, denn das Luder kann schwimmen.

Grebel: Luder, Luther, schau, es reimt sich fast. Grüss Euch in Zürich, sanftlebendes Fleisch von Wittenberg.

Zwingli: Luther ist hier?

Limmat: Ich hab ihn dir gebracht, heut' nacht, aus Sachsen.

Zwingli: Ihr kommt zur rechten Zeit, Doktor Martinus, mir zu helfen gegen diese Pest, die Täuferei. Den alten Adam ersäufen, jawohl. Und unser alter Adam hier in Zürich, Ketzer und Teufelsbraten, er heisst Manz. Soll morgen früh gerichtet werden, in der Limmat, wie es ihm gebührt.

Luther: Ist nur die Frage, wer der Ersäufer und wer der Ersäufte ist. Ich halt dafür, stinkende Sünder seien beide. Alter Adam allesamt.

Limmat: Recht gesprochen, Doktor Luther. Doch in Zürich zahlt morgen früh ein alter Adam seiner Sünde Sold an mich. Dabei begehre ich ihn nicht, den Sold.

Richter: Wird er dem Nachrichter übergeben, der im sin händ binden, in ein schiff setzen, zuo dem nideren hüttli füeren und uf dem hüttli die händ gebunden

	über die knüw abstreifen und ein knebel zwüschent den armen und schenklen durhinstossen und in also gebunden in das wasser werfen und in dem wasser sterben und verderben lassen, und der damit dem gricht und recht büesst haben solle.
Grebel:	Das ist die Taufe, Zwingli, die du unfreiwillig gibst. Schau auf sein Gesicht, da sie ihn hinausrudern, schau auf sein Gesicht!
Zwingli:	Es kann nicht sein! Das ist vexiert! Gnädiger Gott, bringt ihn zurück! Ein Irrtum! Lasst ab!
Grebel:	Kein Irrtum, Herr Leutpriester. Der Spruch des Gerichts, und du hast zugestimmt. Er soll des Todes sein, sagte der Richter.
Zwingli:	Bringt ihn zurück!
Limmat:	Hast du schon einen Bach den Berg hinauffliessen sehen? Wie könnte ich zurückbringen, was du mir zugeworfen hast?
Zwingli:	Wie geht das zu? Ich bin im Recht; daran lasse ich nicht rütteln, bei meinem Leben. Was ich lehre, ist die Wahrheit der Schrift.
Grebel:	Darum handelt es sich jetzt nicht mehr. Und hättest du Recht – was ich bestreite; aber angenommen, du hättest Recht – so ist's jetzt falsch geworden. Du stehst auf der andern Seite.
Zwingli:	Ihr steht auf der falschen Seite, ihr verleugnet unsern Herrn, mit eurer Wiedertaufe.
Grebel:	Hast du nicht sein Gesicht gesehen, Manzens Gesicht, des zum Ersäuftwerden Verurteilten?
Zwingli:	Das Gesicht! Bringt ihn zurück!
Limmat:	Nichts bringt ein Fluss dir wieder. Merk dir, Magister, die Flüsse fliessen aus dem Paradies hinaus und nicht dorthin zurück.
Zwingli:	Das Gesicht!
Grebel:	Hoch oben an dem einen der zwei Türme deines Münsters sitzt der Kaiser Karl der Grosse und hält das Schwert auf seinen Knien. Ein Potentat wie alle Potentaten. Fehlt nur die Schüssel mit dem Wasser, darin er seine Hände in der Unschuld wäscht. Setz

	dich zu ihm; er ist dein Schutzpatron. Das ist die Seite, wo du hingehörst.
Luther:	Wer zum Schwert greift, wird durch das Schwert umkommen.
Limmat:	Ihr seid zu früh, Herr Doktor Luther, und wohl auch zu schadenfreudig. Wir schreiben Januar im Jahr des Herrn 1527. Mehr als vier Jahre dauert's noch, bis das Schwert bei Kappel das Wort bekommt.
Luther:	Lass gut sein, Stadtwasser. Ich will ein wenig den Propheten spielen. Und ist es morgen auch bloss ein wässeriges Schwert, so wird er doch darob umkommen, der Zwingel. Wie sagt' ich schon? Man muss den alten Adam täglich ersäufen. Täglich, nicht bloss morgen früh; den alten Adam, nicht den Manz.
Limmat:	Das ist mir eine bemerkenswerte Koalition: Luther und die Täufer stehen gegen Zwingli. Doch kommt ihr meinem Zwingli mit seinem Manz, komm ich euch mit euren Bauern, euren Juden.
Täuferchor:	Bluthund! Schleicher vor der Obrigkeit! Feind des Evangeliums! Der Zehnten ist gegen die Schrift. Die Obrigkeit ist vom Teufel. Die Pfaffen sind gegen den Geist.
Zwingli:	Hörst du sie rufen? Wo kommen wir hin, wenn sie es durchsetzen? Zehnten abgeschafft. Obrigkeit vertrieben. Der Glaube eines jeden eigene Sache. Was muss werden, wenn das Fleisch sich solcherart erhebt?
Limmat:	Gewiss, ich seh' es ein – wo kämen wir hin. Was müsste werden, wenn ich von Baden herauf- statt nach Baden hinunterfliessen wollte? Was müsste werden, wenn der See sich entschlösse, die Stadt zu erobern, statt in seinen Ufern zu bleiben? Doch, Leutpriester, fliessen denn die Bäche schon bergauf, und ist's denn wirklich schon der See, der daherkommt, die Stadt zu überfluten? Ich sage nichts dagegen, dass ihr Staatsfeinde und Verbrecher köpft. Aber hängt das Leben an den wenig Tröpflein Was-

	ser? Verwechselt ihr nicht die Sorge um das Heil der Seelen mit der Sorge um den Staat?
Luther:	Ich rede ja die ganze Zeit von den beiden Reichen. Das Reich Christi und das Reich der Welt. Miteinander nicht zu vermengen, sondern fein säuberlich voneinander zu unterscheiden.
Limmat:	Da haltet Ihr Euch besser raus, Herr Doktor Luther. Ich denke, auch bei Euch sei's nicht so rein und klar, wie die Begriffe reden. Ich will Euch ein Gleichnis dazu geben.
	In der Heimat unseres Herrn Leutpriesters, da sägen sie, wenn sie sich beim Erbgang nicht einig werden, die Truhen und die Schränke mitten auseinander, und jeder bekommt die Hälfte, die ihm zusteht. Salomonisch könnte man das nennen, solang es nur um Truhen geht. Doch Ihr, Ihr wollt mit Begriffen den Menschen auseinandersägen. Das lässt sich machen mit einem wässerigen Wesen wie mir. Zerteilt mich, und ich bleibe doch die Limmat. Aber schneidet Euch selber auseinander, und schaut dann, ob Ihr noch der Doktor Luther seid. Am Ende sitzt ihr zwei, Leutpriester hier und Doktor dort, in einem Schiff, am Ende noch zusammen mit dem Manz, im Schiff, auf dem sie ihn zum niederen Häuslein rudern, damit sie ihn ins Wasser stossen.

3

Zwingli:	Wo sind sie?
Limmat:	Wer?
Zwingli:	Der Grebel und der Doktor Luther?
Limmat:	Der eine liegt im Pestgrab, und der andere liegt neben seiner Frau im Bett im schwarzen Kloster zu Wittenberg. Ich habe sie zurückgespült und ihnen das Maul gestopft.
Zwingli:	So kann ich endlich ruhig schlafen.
Limmat:	Schlafen? Diese Nacht? Nicht doch! Wir gehen noch auf Reisen. Halt dich fest, Magister Zwingli, ich heb

dich auf. Dein Bett ist dein Schiff, und ich trage dich fort in dieser Nacht. Nicht nach Baden hinunter, aber in die Zukunft hinaus. Lassen wir ein paar Jahrhunderte hinter uns, und wieder ist es Januar.

Durch das Rauschen der Limmat ist Glockengeläute zu hören.

Amerikanerin: Excuse me. This way to Zollikon?

Zürcher: Vor lauter Glockenläuten hört man nicht einmal das eigene Wort. Wohin wollen Sie?

Amerikanerin: Zollikon. Der Ort, wo entstanden the baptist church. Baptistenkirche.

Zürcher: Was für eine Kirche?

Amerikanerin: Baptistenkirche. Wiedertäufer. – Warum dieses Läuten von den Glocken?

Zürcher: Wir feiern den Zwingli. Es ist ein Gottesdienst zu seinen Ehren im Grossmünster.

Zwingli: Was feiert ihr mich! Ich will nicht gefeiert sein!

Limmat: Du schreist vergeblich, Leutpriester. Sie hören dich nicht. Und wenn sie dich hören könnten, wer weiss, ob sie dich hören wollten. Sie feiern nun einmal, da mag keiner gestört sein. Und wenn es über deine Leiche geht.

Zwingli: Aber es sollte die Erneuerung der Kirche nie eine Sache meiner Person …

Limmat: Und ist es notgedrungen doch geworden. Siehst du sie kommen? Talare, Kragen, schwarze Roben, sogar goldene Ketten, gestreifte Hosen, steife Hüte. Sie kommen über den Zwingliplatz.

Zwingli: Zwingliplatz? Das will ich nicht! Ich hab das nie gewollt! Wer hat euch erlaubt, das mit mir zu tun?

Sprecher: 1. Januar, 17 Uhr: Festkonzert in Wildhaus. 18 Uhr: Fernsehgespräch über Zwingli. 20 Uhr: Ausstrahlung des Zwinglifilms im Schweizer Fernsehen.

Limmat: Sie wenden sich zur Zwinglitür am Grossmünster, wo dein Leben in Bronze gegossen ist.

Zwingli: Verfluchter Bilderdienst! Hab ich nicht die Heiligen abgeschafft? Ich bin wie gerädert.

Limmat:	Doch diese Nacht ist auf der Tür nicht verzeichnet.
Sprecher:	Jubiläumsmedaille, Ulrich Zwingli, 1484 bis 1984. Vorn das Bild des Reformators, Rückseite: der Reformator, die Bibel übersetzend, mit der Umschrift: Losend dem Gotzwort. Feinheit der Goldmedaille 900/1000, Gewicht 20 Gramm, Durchmesser 33 Millimeter. Auflage: einhundert Stück. Verkaufspreis: Franken eintausend.
Zwingli:	Hört auf damit! Keine Münzen und Medaillen! Und kein Glockengeläute mehr! Ich bin doch kein Papist!
Limmat:	Ich weiss, ich weiss, doch ist es nicht zu ändern. Da feiern sie mit glänzenden Gesichtern und hören nicht. Bundesräte, Regierungsräte, Stadträte, Kirchenräte, Rektoren, Dekane, Professoren, Pfarrer.
Amerikanerin:	Ein Gottesdienst für Zwingli? Dieser schreckliche Mann. Er liess Täufer ertränken und machte Krieg für Glauben.
Zwingli:	Schiebt mir nicht alles in die Schuhe, und feiert mich nicht. Das eine ist so schlimm wie das andere.
Limmat:	Ich sagte schon: Dein Schreien nützt dir nichts.
Sprecher:	Freitag, 27. Januar: Gemeinsames Abendessen der geladenen Gäste im Casino Zürichhorn. Samstag, 28. Januar: Abfahrt der geladenen Gäste von Zürich mit Autocars nach Wildhaus, dem Geburtsort Zwinglis.

Die Glocken verklingen, man hört Orgelbrausen.

Zwingli:	Sind sie wieder katholisch geworden, dass sie im Münster Orgel spielen?
Limmat:	Gleich fangen sie auch an zu singen.

Gesang: Anfang des Liedes Hilf, Herr Gott, hilf in dieser Not.

Zwingli:	Das soll doch … Ich hab's geschrieben, als ich von der Pest genesen war. Und sie sitzen da und singen es, um mich zu feiern. Mir ist, sie spickten mich mit tausend Pfeilen.

Limmat:	So wird aus dem Reformator ein heiliger Sebastian.
Grebel:	Hörst du die Schreie aus dem Wellenberg, Meister Zwingli? Dort foltern sie in dieser Nacht meinen Freund, den Felix Manz. Sollst du nicht auch ein wenig leiden?
Zwingli:	Bist du wieder da, Grebel, du Plagegeist? Hat dich nicht die Pest geholt? Kannst du nicht bleiben, wo du hingehörst?
Sprecher:	Wildhauser Zwinglipauschale, vom 1. Juni bis Ende Oktober. Sieben Tage Ferien in einem Hotel eigener Wahl. Besichtigung von Zwinglis Geburtshaus, Wanderung zum Zwinglipass, Gutschein für Kappeler Milchsuppe, Ausflugsvorschläge zu den Wirkungsstätten Zwinglis. Informationen durch das Verkehrsbüro Wildhaus, Telefon …
Amerikanerin:	What phone number? Ich will hingehen und den Mann kennenlernen, der kein Herz hatte.
Zwingli:	Was foltert ihr mich?
Grebel:	Schrei lauter; sie hören dich nicht! Dazu läuten die Glocken zu stark, rauscht die Orgel zu voll, singt die Festgemeinde zu üppig. Sie orgeln dir und singen dir Choräle, damit sie nicht die Schreie hören; wie du nicht die Schreie hören willst, heute Nacht, aus dem Wellenberg.
Festredner:	Es wäre falsch, liebe Festgemeinde, Zwinglis Haltung den Täufern gegenüber an einem Humanitätsideal zu messen, das es in seiner Zeit nicht gab. Auch in dieser Beziehung ist der Reformator ein Kind seiner Zeit, nur aus seiner Zeit heraus zu verstehen.
Zwingli:	Wer spricht?
Limmat:	Einer der ungezählten Lobredner auf deinem Fest.
Festredner:	Und so hat denn, meine Damen und Herren, Zwingli schlussendlich doch tiefer gesehen als seine hitzköpfigen, wiedertäuferischen Zeitgenossen. Er hat mit seiner Haltung entscheidend dazu beigetragen, den zürcherischen Staat über die schwere innere Krise hinwegzuretten, die die Reformation mit sich brachte.

Zwingli:	Wahrhaftig habe ich tiefer gesehen. Hört ihr: Tiefer gesehen. Dem Gekreuzigten ins Angesicht gesehen habe ich. Sie banden ihn an Händen und an Füssen und ruderten ihn im Schiff zu einem wässerigen Golgata. Tiefer habe ich gesehen. Darum bitte ich: Hört eilig auf!
Limmat:	Es trägt nichts ab.
Grebel:	Leutpriester, hörst du den Manz schreien im Wellenberg?
Zwingli:	Den Manz? Ich dachte, ich sei es selbst gewesen.
Sprecher:	20.30 Uhr, festlicher Empfang der geladenen Gäste und Nachtessen im Casino Zürichhorn.

4

Limmat:	Hier sind wir wieder, Herr Leutpriester, in der Schlafstube hinter dem Münster, in deinem warmen Bett. Es beginnt zu dämmern. Der Tag kommt auf. Ich ziehe mich zurück, in mein kaltes Bett, um dem Manz diesen Morgen eine kalte Braut zu sein, wenn er bei mir schlafen wird seinen langen, bleichen, wässerigen Schlaf. Ich geh und lass dich deiner Frau.
Frau Zwingli:	Was ist dir, mein Hauswirt und Ehgemahl? Zerschlagen siehst du aus und hast die ganze Nacht gerufen und gestöhnt.
Zwingli:	Hörst du die Limmat?
Frau Zwingli:	Warum die Limmat? Was soll ich die Limmat hören? Die Limmat ist hier oben nicht zu hören, auch bei hohem Wasser nicht.
Zwingli:	Ich höre sie. Schrecklich höre ich sie.
Frau Zwingli:	Du bist nicht gesund.
Zwingli:	Gesund? Gesund, nein, bin ich nicht. Wem die Limmat durch den Kopf geht, der ist nicht gesund. Er wird nicht eher, als bis die Limmat aufgehört hat zu fliessen – nicht vor seinem Tod, nicht vor dem Jüngsten Tag.

Es klopft an der Tür.

Zwingli:	Wer ist das?
Frau Zwingli:	Der Bote vom Gericht. Er soll Bescheid bringen, wie es gegangen ist mit diesem Felix Manz.
Zwingli:	Felix infelix. Böser Heiliger über der Stadt!
Bote:	Die Geschichte, Herr Leutpriester, ist vorbei und ausgestanden. Das Gericht hat kurz getagt, länger war nicht nötig. Und ich sah, ehe ich kam, eben noch das Schiff hinausfahren zu dem niederen Häuslein; der Nachrichter war des Manzen einzige Begleitung. Ersoffen ist die Ketzerei.
Zwingli:	Wisst ihr nicht, dass wir alle, die wir auf Christus getauft wurden, auf seinen Tod getauft worden sind? Ersoffen! Ersoffen sind wir allesamt. Geb Gott, dass er den Felix und uns finde in dem nassen Grab, am Jüngsten Tag. Ich habe ihn gesehen, diese Nacht, den Manz. Ich hab gesehen, was du heute früh gesehen hast. Wie der Nachrichter ihm die Hände und die Füsse band, die gebundenen Hände über die Knie abstreifte, den Knebel zwischen Armen und Schenkeln durchstiess. Ich wollte ihn anreden, ihn zum letzten Mal zur Vernunft mahnen, den unseligen Felix. Und wie ich zu ihm rede, um ihn zu belehren durch die Schrift und guten Brauch, und wie er das Gesicht hebt – da ist es, Mann, da ist es – der Gekreuzigte.
	Wer hat Recht, mit der Taufe, mit der Obrigkeit, mit dem Zehnten? Ich oder er? Ich habe Recht. Und im Rechthaben und im Durchsetzen des Rechts kreuzige ich den Herrn.
	Heute Nacht haben sie mich im Wellenberg verhört, haben mir frühmorgens das Urteil gesprochen, mich dem Nachrichter übergeben. Der hat mich gebunden an den Händen und den Füssen, hat mit dem Schiff mich zu dem niederen Haus geführt. Dort stand er neben mir und gab mir einen Stoss. Die alte Freundin aber, die uns das Leben bringt ebenso wie den Tod, die Braut der Stadt, die Limmat, sie zog mich an sich, als ihren Bräutigam. Ketzerrichte-

rin nannte sie sich und Leichenbesorgerin. Und als ich schon ertrunken war, hörte ich sie sagen: Ulrich Zwingli, ich taufe dich.

Das Ende von Pluralismus und Meinungsstreit

Die Koordination der Bibelauslegung von oben und derjenigen von unten, des Theologenwortes im Gottesdienst und des Laienwortes ausserhalb des Gottesdienstes war gescheitert. Die Diskussion war gewaltsam beendet. Aus der Differenz der zwei Perspektiven war ein Todesstreifen geworden. Die Perspektive von oben hatte, nicht ohne handfeste Hilfe der Staatsgewalt, gesiegt; die Perspektive von unten war mundtot gemacht.

Die Verantwortlichen der Perspektive von oben konstituierten sich «als gesetzgebende Gelehrtenaristokratie», die sich ihrem Anspruch nach aus gleichberechtigten Männern zusammensetzte, was «charismatische Führerschaft und damit ‹Offenbarung› als Quelle religiöser Neuerung unwahrscheinlich» machte. So der Religionsphilosoph Micha Brumlik über die Rolle der Rabbinenschulen nach dem Untergang des davididischen Königshauses und des Jerusalemer Tempels. «Gleichberechtigte und gleichbefähigte Geistesgrössen stehen einander auf Augenhöhe gegenüber, nehmen einander in ihren Lehrmeinungen durchaus zur Kenntnis, sind aber ihrer Gleichbefähigung wegen zugleich dazu geneigt, einander zwar anzuerkennen, ihre Auffassungen indes gegenseitig zu kritisieren. Entsprechend zeigt jede Lektüre talmudischer Traktate, bestehend aus der zu jener Zeit niedergeschriebenen ‹Mischna› und den vielfältigen Diskussionen zu ihrer Auslegung, der ‹Gemara›, einen für die Spätantike erstaunlichen Pluralismus [...]» Brumlik zitiert Midrasch Eruvin 13b: «Rabbi Abba sagte im Namen Shmuels: Drei Jahre lang debattierten die Schule des Schammai und die Schule des Hillel eine Frage ritueller Reinheit: diese sagten, die Weisung entspricht unserer Haltung, jene aber sagten: ‹Die Weisung entspricht unserer Position.› Es kam eine göttliche Stimme und sagte: ‹Dies und dies sind die Worte des lebendigen Gottes – die Weisung entspricht der Schule von Hillel.› Aber wenn dies und dies die Worte des lebendigen Gottes sind, warum wurde die Weisung dann so gesatzt, wie es der Schule Hillels entsprach? Weil sie freundlich und demütig waren und sowohl ihre eigene Lehre als auch die Lehre Schammais lehrten. Und nicht nur das: sie lehrten sogar die Auslegung Schammais vor ihrer eigenen.» Brumlik dazu: «Dieser ‹Midrasch› [...] behauptet nicht weniger, als dass Gott selbst, seine göttliche Stimme, Pluralismus und Meinungsstreit belohne.» (Brumlik, *Vernunft und Offenbarung*, S. 262f.)

Das war wohl auch etwa, was manchen der aus Italien vertriebenen, reformatorisch gesinnten und charakteristischerweise mit Vorliebe *Dialogi* verfassenden Theologen vorschwebte, als sie in die reformierten Orte jenseits der Alpen flohen, nach Genf, nach Zürich, nach Bern, nach Basel. Wobei Basel bald das bevorzugte Ziel war, weil dort länger noch als andernorts Diskussion über Fundamentales der Lehre möglich war, oder man wenigstens die nicht linienkonformen Leute in Ruhe liess, solange sie selbst sich ruhig verhielten. Was Zürich betrifft, so war bald nach 1550 auch innerhalb der «Gelehrtenaristokratie» der Theologen Ende der Diskussion und des Pluralismus. Wer heikle Fragen aufwarf, wurde vertrieben; die Liebhaber des freien Wortes hielten tunlichst den Mund und schluckten ihre Fragen hinunter – bis ihnen darob das Herz zerbarst.

Täuscht der Eindruck, dass wenige Jahrzehnte nach der Reformation, die viele fähige und hochmotivierte Leute hervorgebracht hatte, das durchschnittliche Niveau der Pfarrerschaft in den reformierten Orten erheblich gesunken und die theologische Produktivität verebbt war? Von einer «Geistesaristokratie» konnte kaum mehr die Rede sein.

Freier Geist aus Süden
Eine Rede

Am 12. November 1562, einem Donnerstag, ist am Taufstein des Zürcher Grossmünsters eine kleine Gesellschaft von – nehme ich an – sechs Erwachsenen und einem Säugling versammelt. Die Hauptperson ist der Säugling, denn er soll heute getauft werden. Es ist Wilhelm oder Guglielmo, das erstgeborene Kind von Giovanni Antonio Pestalozzi und seiner Ehefrau Anna, geborenen

Gessner. Anwesend ist neben dem Täufling sein Vater; die Mutter, vor einem oder zwei Tagen niedergekommen, wird nach damaligem Brauch zu Hause geblieben sein. Dafür sind ihre Eltern, also die Grosseltern mütterlicherseits des Täuflings, da. Nehmen wir an, es kommen noch zwei Paten dazu, deren Namen – vermutlich einer italienisch, einer zürcherisch-deutsch – ich nicht kenne, sofern nicht, wie damals oft, die Grosseltern Paten sind. Das macht fünf Erwachsene. Auffallend: Der italienische Teil der Familie fehlt, also die Eltern des Kindsvaters, Andrea Pestalozza und Lucretia, geborene Oldrada. Es gibt in Zürich ausser Giovanni Antonio keinen Pestalozzi; er ist ein Immigrant aus Norditalien. Mit Guglielmo sind sie nun zu zweit.

Schliesslich der Pfarrer. Ein alter Herr. Offensichtlich kein Hiesiger. Er spricht ein sehr schönes Italienisch und dazwischen, zuhanden derer, die kein Italienisch verstehen, ein paar Brocken Deutsch in abenteuerlicher Aussprache. Sein Name: Bernardino Ochino, Jahrgang 1487, also 75 Jahre alt, in Siena geboren, gewesener Kapuzinergeneral, im damals spanischen Neapel durch die Vermittlung des Juan Valdés von reformatorischen Gedanken ergriffen, reformierter Pfarrer in Genf, dann in Basel, in Augsburg, in London, in Strassburg und seit sieben Jahren Pfarrer der Gemeinde der Locarnesen in der Stadt Zürich.

Man kennt sich. Ochino hat die Eltern des Täuflings unlängst ebenfalls im Grossmünster getraut. Zwei Brüder der Braut sind zudem Verleger des viel publizierenden Theologen. 1555 erschien *De purgatorio dialogus* mit der Angabe «Tigurinum apud Gessneros», parallel dazu die Übersetzung *Dialogus, Das ist ein Gespräch von dem Fägfheür / in welchem der Bäpstleren torechtigen und falschen gründ / das Fägfheür zeerhalten / widerlegt werdend. Getruckt zu Zürych bey Andrea und Jacobo Gessneren / gebrüder.* Der Übersetzer aus dem Lateinischen bleibt ungenannt, aber wir wissen, wer er war. Ulrich Zwingli junior, der Sohn des Reformators. Wir werden ihn näher kennenlernen.

Was am Taufstein des Grossmünsters aussieht wie ein Bild tiefsten Friedens, ist in Wahrheit eine theologische Sprengladung. Die Lunte brennt schon. Bernardino Ochino hat sie mit dem Büchlein über das Fegefeuer angezündet, das einen Sturm der Entrüstung bei den Innerschweizer Katholiken entfachte, was dem Zürcher Rat gar nicht recht war. Damit die Glut nicht erlösche, sondern auch innerhalb der reformierten Kirche für Hitze sorge, wird Ochino im kommenden Jahr tüchtig nachblasen mit seinen dreissig Dialogen über ungefähr alles, was in der zeitgenössischen Theologie heiss umstritten, darum tabu und brandgefährlich ist, von der Präsenz Christi im Abendmahl bis zur göttlichen Trinität. Das Manuskript liegt schon beim Drucker in Basel, der die zwei Bände ohne Angabe seines Namens in den Handel bringen wird. Den Brüdern Gessner ist es offenbar zu heikel gewesen. Denn man bewegt sich auf sehr dünnem Eis. Durch jedes Wort, das man ausspricht, Taufe, Sakrament, Sündenvergebung, Dreieinigkeit, kann der konfessionelle Friede ebenso brechen wie der innerprotestantische.

Ochino hält sich bei der Taufe strikt an das von den Zürcher Theologen ausgearbeitete und vom Rat approbierte Formular. Aber alle Anwesenden wissen, dass er und sie fast bei jedem der grossen Begriffe nicht ganz so denken, wie von der Obrigkeit verfügt. Und sie wissen auch voneinander, dass nicht alle gleich denken. Besonders wissen es die mit italienischem Hintergrund. Nach Meinung der meisten ist die Diskussion um die christliche Lehre viel zu früh abgebrochen, der Glaube viel zu eilig in obrigkeitlich sanktionierte Formeln gegossen und zum Gesetz gemacht worden.

Alle an diesem Taufstein haben einen Migrationshintergrund, wenn auch Pestalozzi selbst kein Glaubensflüchtling ist. Das gilt auch für den Grossvater Andreas Gessner. Er ist vor Beginn der Reformation aus Solothurn nach Zürich gekommen. Aber er weiss, dass er nicht mehr zurückkönnte, reformiert, wie er geworden ist.

Allen ist auch bewusst, dass über die besagten grossen Begriffe in Zürich kein *dialogus* mehr möglich ist. *Ecclesia Tigurina locuta, causa finita.* Wer dennoch Fragen stellt und diskutiert, macht sich verdächtig und muss mit der Staatsgewalt, schlimmstenfalls mit Ausweisung rechnen. Ochino wird es erfahren.

Pestalozzi stammte aus Chiavenna, also aus der Stadt, wo von Süden die Strasse aus dem Veltlin heraufkommt, von Osten die Strasse aus dem Bergell herunter, von Norden die Splügenstrasse. Die letzteren beiden führen von hier weiter südwärts, diejenige dem linken Ufer des Comersees entlang nach Lecco und Bergamo beziehungsweise Milano, die dem rechten Ufer entlang nach Como, woselbst sie sich mit der Strasse vom Gotthard her verbindet. An diesem rechten Ufer des Comersees liegt als erster grösserer Ort Gravedona. Von hier sind die Pestalozzi oder Pestalozza Anfang des 14. Jahrhunderts nach Chiavenna gezogen und sollen da besonders viel Alpbesitz erworben haben.

Was auf Viehzucht schliessen lässt. Und wo Vieh gezüchtet wird, wird es auch gehandelt. Viehhändler scheinen die Pestalozzi gewesen zu sein, und eines Tages fanden sie, statt Schafe über den Splügen, den Maloja und den Septimer zu treiben, könne man auch bloss deren Wolle nach Norden transportieren. Später versuchte man's statt mit der Wolle mit Wollstoffen, und eines schönen Tages kam zur Wolle die Seide, und die machte die Chiavennaschi, wie man sie nennt, richtig reich.

Jetzt aber – wir reden von der Mitte des 16. Jahrhunderts – hat diese vergleichsweise kleine Stadt regen Zulauf von flüchtigen Italienern. Liegt sie denn nicht selbst in Italien? Nur geografisch, nicht politisch. Denn seit den Mailänderkriegen, genauer seit 1512 – wir kennen meistens bloss 1515, Marignano, wo die Eidgenossen jämmerlich aufs Dach bekamen – stehen Chiavenna und das Veltlin unter der Herrschaft Graubündens. Eine Hauptrolle bei der bündnerischen Herrschaft über Chiavenna spielt die Familie von Salis, insbesondere einer, Herkules von Salis-Soglio. Der Bündner Protestant hält seine schützende Hand über die entstehende protestantische Gemeinde in der Stadt, die 1542 in dem aus Italien geflohenen Augustinermönch und berühmten Prediger Agostino Mainardo ihren ersten festen Pfarrer findet, Freund und theologisch zuverlässiger Weggefährte des Zürcher Antistes Heinrich Bullinger, des Nachfolgers Zwinglis.

Was da sonst von Süden her kommt, seit die päpstliche Inquisition die Schraube anzieht und selbst die protestantenfreundliche Herzogin Renata von Ferrara auf der Hut sein muss, ist theologisch oft weniger linientreu, wenn nicht gar suspekt. Etwa Pier Paolo Vergerio, geflohener Bischof von Capodistria, der als reformierter Pfarrer in Vicosoprano unterkommt. Aber ist er wirklich reformiert? Oder: Pietro Martire Vermigli, geboren in Florenz, Augustinerchorherr in Neapel und Prior in Lucca gewesen, ein herausragender Hebraist. Kommt über Chiavenna nach Zürich, wird Professor in Strassburg, dann in Oxford, kehrt, als in England die blutige Maria Königin wird, auf den Kontinent zurück, wird Professor für Hebräisch und Altes Testament in Zürich und schliesslich der Nachfolger des uns schon bekannten Bernadino Ochino. Der ja selbst auch aus Italien zunächst nach Chiavenna floh. Die Liste könnte fast beliebig verlängert werden. Was sich aus Glaubensgründen aus Italien davonmachen muss, tut es meistens Richtung Norden, vorzugsweise über Chiavenna. Chiavenna ist in jenen Jahren von einer unablässigen theologischen Diskussion erfüllt, in der jeder dieser theologischen Emigranten seine eigenen Akzente setzt. Mainardo, der Pfarrer, hat alle Hände voll zu tun, damit seine Schafe nicht lehrmässig auseinanderlaufen.

In dieser diskutierenden Stadt wird Giovanni Antonio Pestalozzi 1537 geboren. Die Familie treibt, wie gesagt, Handel und ist wohlhabend. Und sie ist dezidiert protestantisch. In den Fünfzigerjahren, das genaue Datum kennen wir nicht, beschliesst sie, einen Spross, eben Giovanni Antonio, zur kaufmännischen Weiterbildung nach Zürich zu schicken.

Mir kommt der Grund dieser Auswanderung etwas dürftig vor, auch wenn sich's beim Zürcher Lehrmeister um Bernhard von Cham gehandelt haben soll, den reichsten Mann der Stadt, Eisenhändler und Politiker. Und unlogisch dazu, weil Giovanni Antonio ja nicht aus dem Metall-, sondern aus dem Tuchhandel kommt. Und weil er mit dem erworbenen Wissen nicht nach Hause zurückkehrt, sondern in Zürich bleibt. Also wird etwas anderes dahinter stecken. Am wahrscheinlichsten dies: Die Familie Pestalozzi überlegt sich angesichts der drohenden Inquisition, nach Zürich auszuweichen, wenn das Pflaster in Chiavenna zu heiss wird. Wie heiss es werden kann, zeigt sich alsbald in Locarno. Also schickt man sozusagen ein Voraus-Detachement.

Wie auch immer: Giovanni Antonio machte sich auf; ich nehme an Richtung Bergell, um von Casaccia über den damals viel begangenen Septimer Bivio und das Oberhalbstein zu erreichen. Ich stelle mir vor, dass er in Vicosoprano im ländlichen Pfarrhaus bei dem ehemaligen Bischof von Capodistria einkehrte, den er von Chiavenna her kannte, und den er beim Kofferpacken traf. Den ehrgeizigen Mann hatte ein Ruf des Herzogs von Württemberg nach Tübingen erreicht, wo er alsbald lutherisch und Theologieprofessor werden und unentwegt gegen die Reformierten sticheln sollte. Und, phantasiere ich weiter, Pestalozzi traf vielleicht sogar Rodolfo

Landolfi, der 1547 in Poschiavo die erste Buchdruckerei Graubündens gegründet hatte und mit Vergerio über die Publikation eines seiner Bücher verhandelte.

Wen immer Pestalozzi auf seinem Weg nach Zürich noch getroffen haben mag – er kam hier an, fand Aufnahme, scheint ziemlich schnell selbstständig geschäftet zu haben, firmierte bald als «Tuchherr», was nicht nur auf Woll-, sondern auch auf Seidenhandel schliessen lässt, und muss manchem Vater einer majorennen Tochter als durchaus passabler Schwiegersohn erschienen sein. So auch dem aus Solothurn zugewanderten Andreas Gessner, Goldschmied und oder Eisenhändler, seit 1532 auf der Saffran zünftig und dort fünf Jahre später Zunftmeister. Seine Tochter Anna war, nach den Massstäben damaliger Zeit, ein schon etwas ältliches Mädchen, wahrscheinlich sogar zwei Jahre älter als ihr Künftiger, und der Vater wird nichts dagegen gehabt haben, als der tüchtige junge Italiener um sie warb. Oder er wurde vor ein *fait accompli* gestellt. Denn wenn der Eintrag stimmt, sind Anna Gessner und Hans Anthoni Pestalutz am 15. September 1562 im Grossmünster getraut worden – und am 12. November empfing daselbst bereits der erste Sprössling die Taufe.

Der Schwiegervater hatte etwas mit dem Schwiegersohn vor. Gessner, der Zunftmeister, sorgte dafür, dass der junge Pestalozzi 1567 Bürger von Zürich und in die Zunft zur Saffran aufgenommen wurde. Der Herr Zunftmeister starb bald darauf im biblischen Alter von 86 Jahren. Seine Tochter Anna, nun Frau Pestalozzi, überlebte den Vater nur um drei Jahre. 1571 ist sie gestorben, im Kindbett wohl, wie sehr viele Frauen damals.

Giovanni Antonio Pestalozzi ist inzwischen also Familienvater, Stadtbürger, Zünfter, ein wohlhabender und angesehener Mann. Aber erst 1580 kauft er ein Haus, «Zum Brünneli», heute Froschaugasse 9. Warum erst so spät? Und warum an dieser Gasse? Am Geld wird's kaum gelegen haben. An der Kreditwürdigkeit auch nicht. Ich folgere wieder nach der Art von Sherlock Holmes:

Die Froschaugasse gehört seit jeher zum Sprengel der Predigerkirche. Und hier amtete seit 1557 Ulrich Zwingli junior, Sohn des Reformators und, wie wir gehört haben, Übersetzer des Dialogs über das Fegefeuer von Bernardino Ochino. Die konfessionellen Spannungen mit der Innerschweiz, die das Büchlein auslöste, ärgerten den Zürcher Rat, sodass er Zwingli einen Verweis erteilte. Und er liess es nicht dabei bewenden, sondern machte den Mann, der bisher Leutpriester am Grossmünster und Professor des Hebräischen gewesen war, 1557 zum Pfarrer an der Predigerkirche. Was wie eine Beförderung aussah, war in Wahrheit eher die Abschiebung auf ein Stumpengeleise. Denn nun kam er als Nachfolger von Heinrich Bullinger im Amt des Antistes kaum mehr infrage. Dass es damit ohnehin nicht eilte, da Bullinger einundsiebzig werden sollte, konnte niemand wissen: Bullinger war inzwischen immerhin dreiundfünfzig, nach damaliger durchschnittlicher Lebenserwartung ein älterer Herr.

Das Fegefeuerbüchlein war in den Augen des Rats wohl nur ein Indiz. Es bestätigte, was man schon länger argwöhnte, dass nämlich der junge Zwingli ein Freund der theologisch unberechenbaren und notorisch disputationslüsternen italienischen Zuwanderer war. Und es scheint tatsächlich so gewesen zu sein. Als Ulrich der Jüngere drei Jahre alt war, 1531, kam sein Vater in der Schlacht von Kappel um. In Zürich war damals kaum etwas gefestigt, vielmehr das meiste in Diskussion. Bullinger, der Nachfolger, sah seine Aufgabe darin, was noch im Fluss war, in feste Formen zu giessen. Zwingli junior, so macht es den Anschein, hätte die Kirche lieber als einen Ort des Dialogs, des theologischen Disputs statt der festgeschriebenen Dogmatik gesehen. Lasst die Wahrheit der Heiligen Schrift ihre Wirkung entfalten; fallt ihr nicht ständig ins Wort, schreibt ihr nicht vor, was sie zu sagen hat, und meint nicht, ihre Wahrheit auf Flaschen ziehen zu können. So etwa muss er gedacht haben und mit ihm viele andere, besonders die um des Glaubens willen aus Italien Geflohenen.

Die hatten in Zürich 1555 und 1556 kräftig Zuzug bekommen. Denn im Frühling 1555 mussten führende Familien aus Locarno wegen ihres reformierten Glaubens ausziehen. Die Vertriebenen fanden vor allem in Zürich Unterschlupf. Jedoch wurde manchen die orthodoxer werdende Haltung der Zürcher Kirche alsbald zu eng. So zogen einige ins offenere Basel weiter, unter andern auch Leute des Namens Verzasca. In Basel gelangten sie zu Ansehen und Geld und heirateten in die ersten Familien ein. Und eben eine solche Verzasca heiratete Giovanni Antonio Pestalozzi in zweiter Ehe, 1572, ein Jahr nach dem Tod seiner ersten Frau. Susanna Verzasca starb nur ein Jahr nach der Heirat, ich bin fast sicher, dass es wieder im Kindbett war. Jetzt liess der zweifache Witwer fünf Jahre verstreichen, bis er sich zum dritten Mal verehelichte. Seine dritte Frau war Magdalena von Muralt oder, italienischer, Maddalena di Muralto. Auch sie aus einer geflohenen Locarneser Familie, Tochter des Martin Muralto und der Lucia, geborenen Orelli oder von Orelli, ebenfalls Locarnesin.

Es ist aufschlussreich. Mit seiner ersten Ehe versucht Pestalozzi, sich in das deutschsprachige Zürich zu integrieren. Der Zugewanderte heiratet eine Frau zwar aus zugewanderter Familie, aber aus einer deutschsprachigen. Dann kommt 1555/56 der Schub der Locarnesen und verstärkt im städtischen Bürgertum ein Element, das seit dem Ende der Zürcher Täufer hauptsächlich von den zugewanderten italienischen Theologen repräsentiert wurde. Wir können es in Anlehnung an Bernardino Ochino mit der Etikette «Dialog statt dogmatische Definition» versehen. Den Dialog hat Pestalozzi selbst in Chiavenna intensiv mitbekommen. Er erlebt in Zürich, wie Zwingli junior diszipliniert und der alte Ochino wegen seiner Ketzereien mitten im Winter 1564 aus der Stadt verwiesen und samt seinen minderjährigen Kindern zu einem Heimatlosen gemacht wird; er wird in Mähren landen und dort, in Austerlitz, sterben. Und Pestalozzi heiratet keine Deutschschweizerin mehr, sondern Frauen, deren Familien wie er aus fliessenden, in Diskussion befindlichen, nicht oder noch nicht dogmatisch festgelegten und staatlich verfügten kirchlichen Verhältnissen kommen. Und so frage ich mich denn, ob er sich bei der zweiten Ehe vielleicht überlegte, nach Basel weiterzuziehen und dort bei den Verzasca ganz heimisch zu werden. Das tat er nicht. Aber Giovanni Antonios dritte Frau war eine von Muralt, und die hatten inzwischen einen starken Ableger in Bern, der dort gut integriert war. Sollte also Gefahr im Verzug sein, konnte man immer noch nach Bern ausweichen. Wir wissen, dass es nicht nötig wurde.

Zum endgültigen Bleiben könnte ihn Rudolf Gwalther bewogen haben, der nach Bullingers Tod 1575 Antistes wurde und den Namen hatte, weitherziger als der späte Bullinger zu sein. Aber gedacht haben wird Giovanni Antonio doch, weit vom Geschütz gebe alte Krieger, zog darum aus dem gestrengen Schatten des Grossmünsters weg und kaufte ein Haus im Predigerquartier. Ein deutliches Zeichen immerhin, dass der Mann aus Chiavenna ganz in Zürich angekommen war. Als Zünfter gehörte er nun zur städtischen Oberschicht. Und allein durch die Zünfte kam einer vor 1798 in den Grossen und den Kleinen Rat, die Regierung von Stadt und Republik Zürich.

Die Pestalozzi waren fast durchwegs tüchtige Kaufleute. Das Geschäft war ihnen offensichtlich wichtiger als die Politik; sie gelangten, im Gegensatz zu andern Eingewanderten, erst spät in die Räte und damit in den Kreis der nicht nur wirtschaftlich, sondern auch politisch Einflussreichen. Wenn ich richtig sehe, gab es einen familiären Durchbruch Richtung Politik erst im 19. Jahrhundert.

Ist das Zufall? Oder sind da wieder Erfahrungen aus Chiavenna und Italien virulent? Johann Gottlieb Fichte, der Philosoph, sagte, Demokratie sei die Staatsform der öffentlichen Rede. Gemeint ist, dass nichts von der Diskussion ausgenommen sei. Dass also, mit Bernardino Ochinos Lieblingsbegriff gesagt, der Dialog herrsche. Als nach dem Untergang der Zunftherrlichkeit das Wort frei wurde, da muss es den Pestalozzi wohler geworden zu sein; da begannen sie sich in der Politik zu engagieren. Da, notabene, wurden sie auch, wenigstens vorübergehend, vermehrt Theologen.

Mir will scheinen, an Giovanni Antonio Pestalozzi und seinen Nachfahren lasse sich ein theologischer Konflikt studieren, der nicht nur in Zürich virulent und zugleich verdrängt war. Die Italiener und Locarnesen kamen aus der Diaspora, das heisst aus nicht oder noch nicht festgeschriebenen, noch nicht rechtlich verfassten theologischen und kirchlichen Verhältnissen. Sie kamen aus einer Situation des Dialogs, des Disputs nach Zürich. Und mit ihnen kam eine kräftige Brise freien Geistes, der weht, wo er will.

Diesem Geist misstraute das cisalpinische staatskirchliche Wesen, das sich nach der Reformation in den reformiert gewordenen Orten sehr schnell durchsetzte. Der Zürcher Rat wollte auch *in theologicis* Ordnung haben. Und verhielt sich damit wie der Kaiser Konstantin nach dem Jahr 312, als er die christliche Religion zur ideologischen Klammer des Römischen Reiches machte und auf Konzilien Bekenntnisse verfassen und sozusagen in Stein meisseln liess. Die Leute aus Chiavenna, auch Giovanni Antonio Pestalozzi, wollten das nicht. Sie wollten nicht aus der einen religiösen Diktatur in die andere geraten.

Wie stark im Zürich des ersten Pestalozzi die Spannung zwischen offenem Dialog und gesetzlich festgeschriebener Dogmatik war, liess ein Unfall in der Predigerkirche erahnen. Pfarrer war dort, wie gesagt, ein Liebhaber des theologischen Dialogs, eben Ulrich Zwingli junior, mit Pestalozzi mindestens über Ochino gut bekannt, dessen Vertreibung er aus der Nähe miterlebte. Er war ein freier Geist und muss unter der Entwicklung der Zürcher Reformation vom Dialog zum Glaubensdekret stark gelitten haben. Das könnte erklären, warum er 1571, im Gottesdienst, als er die Kanzel für die Predigt besteigen wollte, vom Schlag getroffen wurde und am selben Tag starb. Sein Herz hielt die Spannung nicht aus. Ich nehme an, dieser Tod habe auch Giovanni Antonio Pestalozzi zu denken gegeben.

Zweiter Teil

Mündigkeitsgewinn

Fülle der Gottheit oder Anfang des Heils?

Wenn Jesus Christus das Heilsereignis schlechthin ist, dann ist die Prophetie im Sinn von Ansage des Kommenden vollendet, weil es nichts Kommendes mehr anzusagen und keine Anzeichen des Kommenden mehr aufzuweisen gibt. Wenn in Jesus Christus «die ganze Fülle der Gottheit» wohnt (Kolosser 2,9), dann steht nichts mehr aus. Jede Prophetie wäre von nun an eine Tautologie. «Jesus Christus, und zwar der Gekreuzigte» (1. Korinther 2,2) ist die Antwort auf jede Frage nach dem Reich Gottes. Was bei Paulus angelegt ist, ziehen die nachpaulinischen Briefe an die Epheser und die Kolosser aus.

Propheten hingegen legen die unvollendete Welt als werdende und das erst in Ansätzen gegenwärtige Reich Gottes als kommendes aus. Kennzeichen des Noch-Nicht ist die gegenseitige Auslegung der beiden Bücher Bibel und Leben. Weil das Buch der Bibel noch nicht «die ganze Fülle der Gottheit», das Reich Gottes, in der Welt aufweisen kann, kann es auch nicht autoritativ die ganze Welt auslegen. Und weil die Welt noch nicht das Reich Gottes ist, kann sie sich nicht allein durch die Bibel auslegen lassen und sich deren Autorität nicht widerspruchslos fügen. Die beiden Bücher Bibel und Welt müssen einander gegenseitig auslegen. Sie sind in einem Dialog, einem Streitgespräch, einem Disput miteinander. In diesem Disput erst gewinnen die Bibel Leben und das Leben Verheissung.

Solch gegenseitige Auslegung von Bibel und Leben bedarf zweierlei: der Bibelkenntnis und der Welt- und Lebenskenntnis. Die sind, da die Verheissung der Bibel noch nicht erfüllt ist, auch noch nicht eines. Da im *logos tou staurou* (im Wort vom Kreuz) noch nicht die ganze Fülle der Gottheit wohnt, ist mit dessen Auslegung auch nicht das Leben endgültig ausgelegt. Denn die Welt ist noch nicht am Ziel, und der *logos tou staurou* ist nicht die Beschreibung der vollkommenen Schöpfung. Wer sagen will, wie es mit der Welt steht, kann sich deshalb nicht allein an der Karte des Paradieses orientieren. Er muss die Wegbeschreibung – die Geschichten der Bibel – zur Hand nehmen und gleichzeitig die Gegend – die Welt – beobachten. Nur wenn er mit beiden Augen schaut, sieht er plastisch und kann entsprechend reden. Solche Rede kann nur eine prophetische, verheissende, auf die Indizien hinweisende sein, die verkündet, dass das Paradies im Kommen ist.

Darum ist die Prophetie noch nicht erfüllt. Das von ihr Angekündigte ist noch nicht in seiner Fülle eingetroffen, und also ist sie noch aktuell. «Die Wohltaten dessen, der euch aus der Finsternis in sein wunderbares Licht gerufen hat» müssen immer noch verkündet werden (1. Petrus 2,9). Sie sind vorläufig noch alles andere als selbstverständlich. Und darum ist seit Jesus Christus Gegenwart, was im alttestamentlichen Joel 3,1f. Zukunft ist: «Und danach werde ich meinen Geist ausgiessen über alles Fleisch, und eure Söhne und eure Töchter werden weissagen, eure Alten werden Träume, eure jungen Männer werden Schauungen haben. Und auch über die Diener und die Dienerinnen giesse ich in jenen Tagen meinen Geist aus.»

Weil die Welt noch nicht das Paradies ist, bedarf sie noch der Auslegung durch die Bibel. Weil zwischen Schrift und Leben noch eine Lücke klafft, sind die zwei aufeinander angewiesen. Die Schriftauslegung kann, damit sie christliche Schriftauslegung ist und also der Welt gerecht wird, nicht auf die Weltkompetenz der Weltgelehrten verzichten, und die Weltauslegung kann, damit sie christliche Weltauslegung ist und also der Schrift gerecht wird, nicht auf die Schriftkompetenz der Schriftgelehrten verzichten. Bibelkompetenz und Weltkompetenz sind vorläufig noch zweierlei. Und es gilt, die zwei Kompetenzen richtig zu kombinieren. Wann immer die Weltkompetenz oder die Bibelkompetenz die allein gültige zu sein beansprucht, führt sie, wie Gotthelf in *Anne Bäbi Jowäger* am jungen Arzt und am Vikari demonstriert, zum Tod. Dem der Schrift das Ohr verweigernden, allein auf das Wort der Welt hörenden Arzt wächst die Aufgabe, die Welt heilen zu müssen, über den Kopf; er stirbt an physischer und psychischer Erschöpfung. Und dem der Bäuerin das Wort abschneidenden und allein das Wort der Schrift gelten lassenden Vikari gerät dieses zum gnadenlosen Gericht über die Welt; tötender Buchstabe, der das Opfer seiner «Seelsorge» in den Selbstmord treibt.

Was Gotthelf an den zwei Figuren dieses Romans literarisch demonstriert, ist in brutaler Realität sichtbar im reformatorischen Zürich. Es gelingt nicht, Bibelkompetenz und Weltkompetenz, Perspektive von oben und Perspektive von unten, Schriftauslegung und Prophetie theologisch verantwortet zu koordinieren. Von den Theologen wie von den angehenden Täufern werden Schriftauslegung und Weltauslegung in eins gesetzt. Die einen ersetzen Prophetie durch Schriftgelehrsamkeit, die andern ersetzen Schriftgelehrsamkeit durch Prophetie. Beide erkennen nicht, dass Schriftgelehrsamkeit ohne Prophetie keine Schriftgelehrsamkeit und Prophetie ohne Schriftgelehrsamkeit keine Prophetie ist. Das Resultat ist tödlich; der Tod von Felix Manz in der Limmat anfangs Januar 1527 ist das Resultat.

Scheitern an der Prophetie

Die Verlegenheit reformatorischer Theologie in Bezug auf die Prophetie ist an Calvins Darstellung des prophetischen Amtes Jesu Christi in der *Institutio Christianae Religionis* (Unterricht in der christlichen Religion) zu erkennen. Sie führt schliesslich dazu, dass die Prophetie mit dem Predigtamt gleichgesetzt wird.

Gott hat zwar, so beginnt Calvin, «in ununterbrochener Reihe einen Propheten nach dem anderen gesandt und sein Volk nie ohne die heilsame Lehre gelassen, hat ihm nie vorenthalten, was zum Heil genügte. Aber trotzdem sind die Frommen je und je der Gewissheit gewesen, erst von dem Kommen des Messias sei das volle Licht der Erkenntnis zu erhoffen.» (Calvin, *Institutio Christianae Religionis II*,15,1, S. 307)

Wozu braucht es über die alttestamentliche Prophetie hinaus den Christus, wenn diese doch vermittelt, was zum Heil genügt? Calvin sagt dazu: «Das gemeinsame Amt der Propheten war aber doch, die Kirche in der Erwartung zu halten und sie zugleich zu stärken bis zum Kommen des Mittlers [...]» (Ebd.) Die Aufgabe der Propheten war also, auf den Messias vorauszuweisen. Er war noch nicht da. Dennoch genügte die prophetische «Lehre» zum Heil.

Dem Amt der Prophetie als Ankündigung des Messias ist mit der Ankunft Jesu Christi «ein Ende gemacht» (a. a. O., S. 308); «das volle Licht der Erkenntnis» ist da. Damit bekommt die Prophetie einen neuen Charakter. Sie kündigt jetzt nicht mehr den kommenden Messias an, sondern verkündet den gekommenen. Calvin sagt so: Christus wird, gemäss Jesaja 61,1f., durch den Geist zum prophetischen oder Zeugen-Amt gesalbt. Dieses aber «war nicht das sonst gewohnte: der Prophet wird von den übrigen Lehrern, mit deren Amt er etwas gemeinsam hat, unterschieden». Da aber dieser Prophet, Christus, die Prophetie erfüllt, bleiben als Zeugen nur die Lehrer übrig. Aus der Prophetie wird Lehre.

Obwohl in Christus das prophetische Amt seine Erfüllung und sein Ende gefunden hat, umfasst Christi Salbung zum prophetischen Amt auch seinen Leib, die Kirche. Denn in ihr wird die vollkommene Weisheit des Evangeliums, die in Christus beschlossene Erfüllung der Prophetie, durch die Lehre an alle Glieder des Leibes Christi weitergegeben. An alle Christen weitergegeben wird nicht etwa die prophetische Aufgabe, die in Christus erschienene Erfüllung der Prophetie zu bezeugen und zuzueignen, wie Joel 3,1 nahelegen würde. Die Lehrer sind die einzigen Zeugen und als solche die Nachfolger der Propheten.

Es würde aber den biblischen Aussagen gerechter und wäre ein viel fruchtbareres Verständnis von Joel 3,1, zu lehren, dass seit Jesus Christus die Prophetie auf den Messias hin zwar erfüllt, aber dadurch keineswegs erledigt ist. Im Gegenteil. Die Prophetie ist nun die Sache aller Christenmenschen geworden, und es ist ihre Aufgabe, aufgrund der Ankündigung Jesu Christi den Anbruch des Reiches Gottes zu verkünden, aufzuweisen und zuzueignen.

Die Täufer bestritten die Gleichsetzung von Prophetie und Predigtamt. Damit waren sie theologisch im Recht. Nicht Recht hatten sie freilich damit, dass sie das besondere Predigt- und Lehramt gleich dem prophetischen Amt allgemein machen und in der Prophetie aufgehen lassen wollten. Wie ihre Gegner setzten auch sie prophetisches Amt und Predigtamt gleich; sie sahen nicht die Spannung zwischen Prophetie und Lehre. Während die offiziellen Kirchen die Propheten zu Lehrern machten, machten die Täufer die Lehrer zu Propheten.

Und so standen denn fortan zwei Perspektiven gegeneinander, diejenige der Theologen und die des auf seiner Mündigkeit beharrenden Kirchenvolkes. Nur wenige fragten, ob das so richtig sei. Einer von ihnen – ich glaube, dass er die Problematik klar wie sonst kaum jemand sah – war Albert Bitzius, seit 1832 Pfarrer in dem Bauerndorf Lützelflüh im bernischen Emmental, der sich als Autor Jeremias Gotthelf nannte und dessen Werk um die Frage der Differenz und Zuordnung der beiden Perspektiven kreist. Darauf

gestossen wurde Gotthelf durch die seit dem Ende der altprotestantischen Orthodoxie deutlich erkennbare Predigtkrise. Die Krise
begann freilich, wie Gotthelfs grundsätzliche Fragen und Antworten erkennen lassen, nicht erst im 17. Jahrhundert, sondern
begleitet die reformatorischen Kirchen seit ihren Anfängen. Weil
die prophetische Dimension der Verkündigung sie in Verlegenheit
brachte, identifizierte die offizielle Theologie Prophetie mit Lehre
und mutete dem Medium der Lehre, der Predigt, zu, was dieses
nicht leisten kann, weil es Sache der kontingenten prophetischen
Anrede ist: die promissionale Zueignung des Evangeliums.

Markinische Unterscheidungen

Kein Autor im Neuen Testament unterscheidet so präzis die Zeiten
wie Markus. Daraus folgt eine ebenso präzise Differenzierung der Prophetie. Am deutlichsten zu erkennen in Markus 1,1–15; 6,15; 8,28 und
Markus 14,65, besonders, wenn wir mit der letzten Stelle beginnen.
    Markus 14,65. Die Zürcher Bibel von 2007 übersetzt: «Und
einige fingen an, ihn anzuspucken und ihm das Gesicht zu verhül-
len und ihn dann mit Fäusten zu schlagen und zu ihm zu sagen:
Sag, wer war's!» Der Imperativ *prophèteuson* am Schluss des Satzes
kann so verstanden werden, meint aber zweifellos mehr. Darum
schreibt die Zürcher Bibel von 1931: «Offenbare, wer dich schlägt!»
Und Luther im Novembertestament von 1522 übersetzt: «Lieber,
weyßsag uns.» Wie das Novembertestament schreibt übrigens auch
die Zürcher Bibel von 1531: «Lieber weyßsag uns.»
    Das griechische *prophèteúo* meint hier keine Zukunftsansage,
sondern – vorher wird Jesus ja das Gesicht verhüllt – die Aufdeckung des (noch) nicht offensichtlich, sondern (erst) verborgen
Gegenwärtigen, nämlich der Heilsbedeutung der Passion Jesu, die
sich jedoch auf die Zukunftsansagen der Propheten bezieht. Die
spottenden Mitglieder des Hohen Rates sagen Wahreres, als sie
ahnen. Es gibt nur einen, der die Passionsgeschichte Jesu anders
denn als Todesgeschichte interpretieren kann, das ist Jesus selbst,
und zwar durch das, was der Passion vorausging: seine Ansage des
Reiches Gottes, seine Berufung von Jüngern, seine Differenzen mit

Pharisäern und Schriftgelehrten, seine Heilungen und seine Gastmähler, bei denen er als Gast insgeheim der Gastgeber war.

Prophetie bekommt durch Jesu Passion eine neue Bedeutung. Jesaja 40,3 in Markus 1,2 ist im Verständnis des Markus eine Zukunftsansage: «Wie geschrieben steht beim Propheten Jesaja: *Siehe, ich sende einen Boten vor dir her, der deinen Weg bereiten wird.*» Dadurch, dass Markus die Zukunftsansage durch das Auftreten Johannes des Täufers für erfüllt erklärt, wird daraus eine Gegenwartsaussage. Sie «entdeckt» Johannes als den Vorläufer «des Herrn» (Markus 1,3). Johannes ist ja in Markus 1,4–8 durch Kleid und Speise (gemäss Sacharja 13 und 2. Könige 1) als der letzte der Propheten charakterisiert, der auf den unmittelbar nach ihm Kommenden weist. Dass Jesus weder Elija noch sonst «ein Prophet wie einer der Propheten» ist, betont Markus 6,15. Jedoch könnte Jesus der auferweckte Johannes der Täufer sein (Markus 6,16).

Noch differenzierter umschrieben als in Markus 1 und 6 wird Jesu Stellung in Markus 8,27–31. Er ist nicht nur von Elija und den andern Propheten zu unterscheiden, sondern ebenfalls, wenn auch charakteristisch anders, von Johannes dem Täufer. Zwar ist auch Johannes der Täufer kein Prophet wie die andern. Denn mit ihm geht die rein futurische Prophetie zu Ende. Aber Jesus ist auch nicht *kein* Prophet (mehr), als wäre in ihm die bisherige Prophetie erfüllt und durch ihn überholt. Er sagt ja das unmittelbar bevorstehende – noch nicht: Reich Gottes, sondern – Kommen des Reiches Gottes an. Er steht am Anfang und wird durch seine Passion zum Anfang des Übergangs von Zukunft in Gegenwart und damit auch der Anfang einer neuen Prophetie. Das durch die Propheten angekündigte Reich Gottes ist «nahe gekommen» (Markus 1,15) und fängt mit Jesu Passion an.

Die Verklärung in Markus 9,2–13 unterstreicht Jesu Sonderstellung. Elija und Mose – die beiden sind der Inbegriff alttestamentlicher Prophetie – reden mit Jesus. Er ist der Messias, jedoch – es ist noch nicht Passionszeit – noch unter dem «Messiasgeheimnis» halbwegs verborgen, das auch durch die Passion nicht völlig gelüftet werden wird. Denn auch nachdem Jesus verworfen und getötet worden und nach drei Tagen auferstanden ist (Markus 8,31), ist sein Messiassein und damit der eingetretene Anfang des Reiches Gottes noch nicht offensichtlich, die bis zu Johannes dem Täufer rein futurische Prophetie also noch nicht erfüllt. Sie behält ihre Aktualität als Beschreibung dessen, was seit der Passion Jesu im Werden ist.

Die durch Jesu Passion neu gewordene Prophetie ist die Ansage, dass die alte jetzt erfüllt werde. Noch nicht jetzt erfüllt sei und auch nicht erst, wenn das und jenes eintrete, erfüllt sein werde, sondern hier und jetzt im Begriff sei, erfüllt zu werden. Jesus selbst, als er verkündete, das Reich Gottes sei nahe gekommen, stand im Niemandsland zwischen den Zeiten. Markus, als er sein Evangelium schreibt, steht nicht mehr zwischen den Zeiten, sondern in der angebrochenen Heilszeit. Jedoch in der *angebrochenen*, noch nicht in der vollendeten, so dass er noch nicht sagen kann: «Siehe, jetzt ist der Tag des Heils.» (2. Korinther 6,2, Zürcher Bibel von 1931). Denn die alte Prophetie ist noch nicht erfüllt, darum nicht erloschen. Aber sie ist in Erfüllung begriffen und dadurch neu geworden; sie hat präsentisches Schwergewicht bekommen. Sie sagt das kommende Reich Gottes nicht mehr nur an; sie *zeigt* es an, indem sie auf seine stückwerkhafte Gegenwart weist.

Jesus wird bei seiner Taufe durch den Geist Gottes als der Verkünder und Anfang des Heils aufgedeckt (Markus 1,11). In der Verklärung Jesu (Markus 8) bekommen die Jünger durch die Stimme aus der Wolke am Geist der Aufdeckung des kommenden Heils Anteil. Die Stimme erklärt ihnen in Vorwegnahme seiner Auferstehung, wer Jesus ist. Die Jünger sehen noch nicht wie Ezechiel «Schauungen», als der Himmel sich öffnet (Ezechiel 1,1). Sie hören erst. Aber sie hören schon, um bald zu sehen. Stückwerk vorläufig nur, aber immerhin.

Das ist eine neue Qualität der Prophetie. Die Jünger haben den Gekreuzigten als Auferstandenen aufzudecken, also als Anfang des Reiches Gottes, das bei der Ankunft des Menschensohnes «mit grosser Macht und Herrlichkeit» (Markus 13,26) vollendet sein und die Auferstehung aller bringen wird. So sieht es Markus. An den Jüngern ist es, das jetzt schon erkennbare Stückwerk des ankommenden Reiches Gottes namhaft zu machen; so sieht es in den von ihm überlieferten Gleichnissen auch Matthäus.

Asketische Kleidung und Speise Johannes des Täufers demonstrieren in ihrer Armseligkeit, dass das Reich Gottes noch aussteht. Heilungen und Gastmähler Jesu demonstrieren unter dem Vorbehalt des «Messiasgeheimnisses», dass das Reich Gottes unter uns anfängt.

Ist, wie bei Paulus, mit dem gekreuzigten Jesus «der Tag des Heils» Gegenwart, dann ist die Prophetie erfüllt. Der *Heidelberger Katechismus* lehrt, dass Christus von Gott eingesetzt ist «zu unserem obersten Propheten und Lehrer, der uns Gottes verborgenen Rat und Willen über unsere Erlösung völlig offenbart hat» (Frage 31). Worauf als Erklärung der Erlösung die paulinische Satisfaktionslehre folgt. Es steht nichts mehr aus; es ist alles erfüllt; der Erfüller der Prophetie ist ihr Ende. Es gibt auch nichts mehr aufzudecken, denn es ist nichts mehr erst verborgen gegenwärtig. Es ist alles zutage getreten. Es gilt jetzt nur noch, «die Logik des Kreuzes» zu entfalten, was Sache der Schriftgelehrten ist.

Was Micha Brumlik für das jüdische Rabbinat feststellt, gilt ebenso für das reformatorische Pfarramt, dass «an die Stelle der Priesterschaften und charismatischen Künder, der Propheten, ein geistesaristokratisches Gelehrtengremium» tritt, «das alles, was nur im Entferntesten an Offenbarung gemahnt, strikt zurückweist und als Offenbarung beziehungsweise Offenbarungsinhalt nur noch solche Aussagen und Weisungen gelten lässt, die in der Vergangenheit liegen» (Brumlik, *Vernunft und Offenbarung*, S. 266).

Das Pfarramt der reformatorischen Kirchen zog die durch Jesus neu gewordene Prophetie an sich, verwandelte sie aus kontingenter Aufdeckung in Lehre, sich selbst gleich den Rabbinen in ein geistesaristokratisches Gelehrtengremium, das in der Kirche das Wortmonopol beanspruchte, und verbannte die neue Prophetie aus der Kirche, die gemäss Joel 3, Markus 9, Matthäus 28, 1. Petrus 2 und 3 und vielen andern Schriftzeugen jedem Christenmenschen verliehen ist und das im Kommen begriffene Reich Gottes aufdeckt.

Das geistesaristokratische theologische Gelehrtengremium ist in der christlichen Kirche völlig unentbehrlich, sofern es sich auf seine Aufgabe konzentriert: die Erklärung dessen, was in der Bibel steht. Usurpiert das Pfarramt die durch Jesu Passion neu gewordene Prophetie, macht es die Gemeinde unmündig und sich selbst – wenn auch in anderm Sinn als das Rabbinat – zu einer legislatorischen Instanz, die das Evangelium in Gesetzlichkeit verkehrt.

VDM

«Verbi Divini Ministra/Minister». In den reformierten Kirchen der Schweiz der Titel ausgebildeter und ordinierter, jedoch nicht in ein bestimmtes Amt installierter Theologinnen und Theologen.

Minister heisst im Lateinischen: Diener, Assistent, Gehilfe, Vollstrecker. Ein Minister ist ein Untergebener. Was er tut, ist nicht seine eigene Tat. Nach zwei Seiten hin nicht. Entweder ist es Ratschlag, Hilfe, Unterstützung für die Tat eines andern, des Befehlshabers beziehungsweise des vom Befehlshaber dazu Beauftragten. Oder aber es ist Tat im Namen und Auftrag des Befehlshabers. Beide Male meint Minister Gehilfe. Im ersten Fall zuhanden des Befehlshabers als Etappenhengst hinter der Front. In zweiten Fall anstelle des Befehlshabers als Vollstrecker an der Front.

Was der Unterschied ist zwischen hinter der Front und an der Front, demonstriert schlagend die komödiantische, zugleich hochtheologische Kirchenszene im letzten Kapitel von Jeremias Gotthelfs Roman *Die Käserei in der Vehfreude*. Der Pfarrer von der Kanzel bietet predigend, durchaus im Namen Gottes und nicht in seinem eigenen, Lehre von der Liebe zuhanden seiner Zuhörer. Felix, Sohn des Ammanns und reichsten Bauern der Gemeinde, ist ob der Predigt eingeschlafen und spricht laut und vernehmlich das Wort der Liebe aus: «Änneli, gimm mr es Müntschi!» Das gehört nicht in den Gottesdienst und macht darum Furore: Wird es da befremdlicherweise ausgesprochen, und sei's im Schlaf, muss die *Lehre* von der Liebe sogleich verstummen. Wenn's ernst gilt, hat die Lehre zu schweigen.

Theologisch heisst die Folgerung aus Gotthelfs Kirchenszene: Das Wort von der Kanzel schafft nicht und gibt nicht, was es sagt. Es ist also nicht Gottes Wort, von Menschenmund gesprochen. Das Wort von der Kanzel ist Menschenwort über das von Menschenmund gesprochene Wort Gottes. Das Wort des Pfarrers, und mag's noch so eindringlich von der Liebe handeln, bringt keine Hochzeit zustande. Das ist auch nicht sein Ding. Wohl aber ist es das Ding des von Felix im Schlaf gesprochenen Wortes. Das Wort des Pfarrers wird am nächsten Sonntag wieder und dann bei der Hochzeit von Felix und Änneli ebenso – nein, eben nicht agieren, sondern – reagieren. Der Pfarrer wird mit seinem Wort feststellen, bestätigen, bekräftigen, dass Gott durch Felix' Wort gehandelt hat. Er ist, als Prediger, nur in Ausnahmefällen der Mann an der Front. Der Gottesdienst ist an den meisten Sonntagen und auch bei den meisten Trauungen nicht die Front, sondern die Etappe.

Anders Felix an jenem Sonntagmorgen. Bliebe er wach, wäre auch er in der Etappe. Doch versetzt ihn der Schlaf an die Front und macht ihn sagen, was nicht in die Etappe gehört. Die Szene ist von Gotthelf grossartig konstruiert. Felix redet im Schlaf. Es sind seine Worte und sind es doch nicht. Denn: «Den Seinen gibt's der Herr im Schlaf» (Psalm 127,2). Felix ist «nur» Medium, vom Befehlshaber an die Front geschickt. Durch sein menschliches Wort der Liebe wird Gottes Wort laut. Und wie Felix damit, obgleich schlafend, an der Front ist! Am Abend dieses Sonntags noch wird beschlossen, dass die beiden, Felix und Änneli, heiraten.

Der Pfarrer sagt: «Wenn zwei einander lieben, sollen sie heiraten» oder «Da ihr zwei einander liebt, vermähle ich euch.» Felix sagt: «Änneli, ich liebe dich; komm, wir heiraten.» Und Änneli, sonst vor Schüchternheit kaum eines freien Wortes fähig, sagt von ganzem Herzen: «Ja.»

Wir haben es mit zweierlei «Ministern» zu tun. Mit dem, der hinter der Front ratschlagt, und mit dem, der im Namen des Befehlshabers an der Front handelt. In der Etappe bleibt alles Gesagte indirekt, unter Vorhalt, bis der Befehlshaber einen Entschluss fasst. Und der Entschluss, den er fasst, ist seiner und nicht der seiner Stabsoffiziere. An der Front ist das Wort eine Tat des Beauftragten im Namen des Befehlshabers. Sie zeitigt sogleich Folgen.

Wer jemals in einem Stab Militärdienst leistete, kennt das Machtgefälle zwischen den Etappenhengsten und den Leuten an der Front, obwohl beide nur Minister, Gehilfen des Befehlshabers sind. Die Berater des Kommandanten sitzen am längeren Hebel, weil ihr Weg zum Befehlshaber kürzer ist. Das Problem behandelt Carl Schmitt in *Gespräch über die Macht und den Zugang zum Machthaber*. «Vor jedem Raum direkter Macht bildet sich ein Vorraum indirekter Einflüsse und Gewalten, ein Zugang zum Ohr, ein Korridor zur Seele des Machthabers.» (Schmitt, *Gespräch über die Macht*, S. 22f.) «Hier versammeln sich die Indirekten. Hier treffen wir Minister und Botschafter in grosser Uniform [...]» (a. a. O., S. 24). Und hier tobt «der Kampf unter denjenigen, die den Vorraum besetzt halten und den Korridor kontrollieren». Es ist ein Kampf «im Nebel indirekter Einflüsse» (a. a. O., S. 25), ein Kampf zwischen Untergeordneten.

Minister heissen beide, Berater wie Botschafter. Also die, welche dem Befehlshaber vortragen, und die, welche die Beschlüsse des Befehlshabers hinaustragen und in die Tat umsetzen. Es ist nötig, zu differenzieren. Die Etappenleute bilden den Dunstkreis des Machthabers. Sie kontrollieren den Zugang zu ihm. Der Frontmann hingegen holt im Hauptquartier die Befehle und entschwindet dann an die Front. Dort ist er auf sich allein gestellt, obwohl er im Auftrag des Befehlshabers handelt und seine Tat in Wahrheit nicht seine, sondern die des Befehlshabers ist.

Klar genug also, wer in Gotthelfs Kirchenszene was ist. Felix ist der Frontmann, der Prophet. Der Pfarrer ist der Etappenhengst, der Lehrer. Der Pfarrer sagt: «Wenn, dann.» Felix sagt: «Hier und jetzt!» Darum muss des Pfarrers Predigt vor Felix' Wort verstummen.

Aber die Berater stehen dem Befehlshaber rein räumlich näher als die Botschafter. Die Berater sieht er jeden Tag, die Botschafter nur in Abständen. Weswegen der Einfluss der Berater normalerweise grösser ist als der der Botschafter. Darum bilden die Berater sich ein, sie seien es in Wahrheit, die regierten und handelten, und halten sich für wichtiger als die Botschafter, sogar für wichtiger als den Befehlshaber selbst. Also versuchen sie die Botschafter zu ihnen unterstellten Befehlsempfängern zu degradieren. Entsprechende Geschichten sind Legion. Die Geschichten der Entwicklung des Priesterstandes in der katholischen Kirche und des Predigtamtes in den reformatorischen Kirchen gehören dazu.

«Verbi Divini Ministra/Minister» als Titel theologischer Beamter kann nur heissen, dass sie – selbstverständlich nicht den Befehshaber, sondern – im Auftrag des Befehlshabers die von diesem an die Front Geschickten beraten. Sie selbst bleiben in der Etappe. Das Entscheidende geschieht vorn.

Gleichnisrede

Das Pfarramt, das sind die Bibelexpertinnen und -experten. Sie erklären den Prophetinnen und Propheten die Bibel, damit diese durch die Bibel das Leben besser verstehen.

Die Prophetinnen und Propheten, das sind die Weltexpertinnen und -experten. Sie erklären den Bibelexpertinnen und -experten das Leben, damit diese durch das Leben die Bibel besser verstehen.

So erklärt die Bibel das Leben, und das Leben erklärt die Bibel. Das Leben macht die Bibel lebendig; die Bibel macht das Leben hoffungsvoll.

Durch die Vermittlung der Bibel erkennen die Prophetinnen und Propheten, dass das Leben voll der Anfänge des Reiches Gottes ist.

Die Prophetinnen und Propheten reden in Gleichnissen, wo und wann es Gott gefällt. Sie machen kraft ihres Wortes – ihrer besseren Erkenntnis des Leben durch die Bibel – im Leben die verborgenen Anfänge des Reiches Gottes sichtbar.

Hürden

Die Bibel ein offenes Buch, jedermann schrankenlos zugänglich. Das ist die Absicht des ersten Evangelisten, Markus.

Im Neuen Testament selbst schon sind aber Tendenzen zur *geschlossenen* Schrift erkennbar. Die Argumentation des Paulus errichtet hohe intellektuelle Hürden; Johannes schreibt, gleich am Anfang seines Evangeliums kenntlich, nach Gedankengang und Sprache eine Schrift für Insider. Ähnliches gilt vom Hebräerbrief. Und die Offenbarung des Johannes ergeht sich in geheimnisvollen Verschlüsselungen, zu denen nur Eingeweihte Zugang haben.

Die Lehre vom mehrfachen Schriftsinn, die seit dem 3. Jahrhundert für die Bibelauslegung prägend wurde, setzt Gelehrsamkeit voraus. Die Erkenntnis des «wahren», «höheren» Sinns der Bibel hat Wissen zur Bedingung, das nur Gebildeten verfügbar ist. Das führt zur Teilung des Christenvolkes in zwei Stände, Priester und Laien. Die Bibel wird zur Domäne der Priester. Und die Päpste des Mittelalters – 1199 Innozenz III., 1229 auf der Synode von Toulouse

Gregor IX. – machen die Auslegung der Bibel vollends zu einem priesterlichen beziehungsweise päpstliche Monopol.

Das darf nicht sein. Der Christenmensch muss Zugang zur Grundlage seines Glaubens haben. Darum veranstalteten die Reformatoren eine «Tempelreinigung» und stiessen die Tische der Geldwechsler und die Stände der Taubenverkäufer um: Sie übersetzten die Bibel in die Volkssprachen. Die Heilige Schrift gehört in die Hände des Volkes.

Jedoch geschah es von Beginn an nicht ohne flankierende Massnahmen. Philipp Melanchthon, Luthers engster Mitarbeiter, schrieb 1521 – ein Jahr vor dem «Septembertestament», Luthers Übersetzung des Neuen Testaments – die *Loci communes*. Das Buch wollte insbesondere die Pfarrer lehren, was sie in der Bibel zu suchen und zu finden hatten. Das Verständnis der Bibel sollte nicht als Wildbach sprudeln, sondern kanalisiert werden. In der Bibel musste gesucht und gefunden werden, was der reformatorischen Lehre entsprach. Luthers Kleiner und Grosser Katechismus und die vielen Katechismen der reformatorischen Kirchen dienten demselben Zweck. Hilfe droht jederzeit in Bevormundung zu kippen.

Für die Katechismen der Reformationszeit war charakteristisch, dass sie, getreu dem Vorbild der altkirchlichen Bekenntnisse, alles Erzählende der biblischen Tradition beiseiteliessen. Sie konzentrierten sich auf die paulinisch verstandene, leicht systematisierbare «Logik des Kreuz». Das Motiv des Markus zur Abfassung seines Evangeliums, dass nämlich Erfahrungen, und das heisst Geschichten, Vertrauen, Glauben also, begründen, blieb auf der Strecke. Gotthelf war einer von denen im 19. Jahrhundert, die das Erzählen als theologisch relevante Form evangelischer Rede erst wiederentdeckten.

Die Katechismen aber wurden alsbald zu «Bekenntnisschriften», was hiess: Wer sie nicht unterschreiben konnte, war in den Augen derer, die sie dazu gemacht hatten, kein rechtgläubiger Christ. Ende der Diskussion, Ende der Legitimität eines theologischen Pluralismus. Bis sich etwa seit der Mitte des 17. Jahrhunderts von den Rändern von Kirche und Gesellschaft her Auflösungserscheinungen dieser Orthodoxie bemerkbar machten: der Pietismus und die Aufklärung. Der Pietismus relativiert indirekt die Gültigkeit der Bekenntnisschriften, indem er, kurz gesagt, dogmatische Rationalität durch Liebe ersetzt, was vermehrte Aufmerksamkeit für Geschichten bedingt. Bis er sich in der ersten Hälfte des 19. Jahrhunderts mit den Resten der altprotestantischen Orthodoxie verbindet und damit die Voraussetzung für den modernen doktrinären Fundamentalismus schafft. Die Aufklärung unterwirft Bekenntnisschriften wie Bibel rationaler Kritik und entdeckt ihre historische Bedingtheit. Dadurch bekommt die Bibel die Chance, zu reden, wie ihr der Schnabel gewachsen ist; sie muss sich nicht länger dogmatisch vorschreiben lassen, was sie zu sagen habe. Sie könnte endlich zum offenen Buch werden.

Nur, dass dieser Offenheit ein neuer Gegner erwächst, der die Bibel wieder zum verschlossenen Buch zu machen droht. Es ist ausgerechnet die historisch-kritische Forschung am Alten und Neuen Testament, die eine radikale Öffnung des Tempels erreichen will, indem sie ihn nicht länger als Tempel betrachtet, sondern als gewöhnliches Gebäude aus Stein und Holz.

Eine ambivalente Öffnung. Dialektik der Aufklärung. Denn verlangt wird historisches Wissen als Schlüssel zur Tempeltür. Und es ist der Theologie und der Predigt bis heute nicht gelungen, genug Schlüssel unter die Leute zu bringen, so dass jedermann freien Eintritt hätte, wie es vorgesehen war.

Als die wenigsten Leute lesen konnten, war's immerhin möglich, ihnen die Bibel vorzulesen oder nachzuerzählen. Das geht wegen der historischen Kritik nicht mehr so direkt. Wir können zwar alle lesen, aber die Bibel ist verschlossener als zu den Zeiten, als die meisten nicht lesen konnten.

Damit sind wir an dem Punkt, der schon den Reformatoren Schwierigkeiten machte. Die Frage heisst: Wie bringen wir die Perspektive der Bibelfachleute, die heute auch dort, wo es nicht gewollt wird, von der historischen Kritik geprägt ist, und die Perspektive derer, die keine Bibelfachleute sind, so zusammen, dass der Tempel nicht verschlossen ist und die Mündigkeit der Christenmenschen nicht eingeschränkt wird?

Eine Massnahme dazu wäre systematische, theologisch verantwortete Pflege der Erzählung biblischer Geschichten im Gottesdienst. Nach dem von Markus und seinen Kollegen Matthäus und Lukas geprägten Verständnis ist ja der Glaube Vertrauen aufgrund von Treue, deren Erfahrung in Geschichten gespeichert und durch sie vermittelt wird. Wir bedürfen im Gottesdienst einer Kultur des Bibelerzählens.

Das dreifache Christenamt

Der *Heidelberger Katechismus* bezeichnet das Christsein zwar nicht ausdrücklich als ein dreifaches Amt, strukturiert es jedoch in Frage 32 gemäss dem dreifachen Amt Jesu Christi, wie dieses in Frage 31 dargestellt ist: Jesus wird Christus, Gesalbter, genannt, weil er vom Vater eingesetzt und mit dem Heiligen Geist gesalbt ist zum Propheten und Lehrer, zum einzigen Hohepriester, der sich für uns opfert, und zu unserem ewigen König, der uns durch sein Wort und seinen Geist regiert.

Durch den Glauben bin ich ein Glied Christi und habe Anteil an seiner Salbung, «damit auch ich seinen Namen bekenne [Prophetenamt], mich ihm zu einem lebendigen Dankopfer weihe [Priesteramt], mit freiem Gewissen in diesem Leben gegen Sünde und Teufel streite und einst in Ewigkeit mit ihm über alle Geschöpfe herrsche [Königsamt]». Der Glaube wird vorausgesetzt; wie er zustande kommt und vergewissert wird, bleibt unerwähnt. Anders als in Luthers Schrift an den christlichen Adel ist die Taufe im *Heidelberger Katechismus* (auch in den Fragen 69 bis 74, die von ihr handeln) nicht Weihe zum geistlichen Stand und damit zum allgemeinen Christenamt. Christi Salbung (Frage 31) ebenso wie mein Anteil daran (Frage 32) werden im *Heidelberger Katechismus* uneigentlich verstanden; der Begriff hat kein «Element» bei sich, weder Öl, wie es zu einer wirklichen Salbung gehörte, noch das Wasser der Taufe.

Diese latente spiritualistische Geringschätzung des äussern Wortes, das für die Gewissheit des Glaubens als nicht konstitutiv gilt, und erst recht des damit notwendig verbundenen «Zeichens», also der Form der Übermittlung, macht den *Heidelberger Katechismus* sorglos in Bezug auf eine differenzierte Unterscheidung der Redearten und ihre Zuschreibung zu einem der Ämter. Er kann von seiner Voraussetzung der uneigentlichen Redeweise her nicht merken, dass er's bei Königtum und Priestertum mit etwas anderem zu tun hat als bei Prophetie. Priester und Könige wurden ja tatsächlich gesalbt. Propheten nicht zwingend. Prophet konnte jeder werden, wenn es Gott gefiel. Zwar wurde er's sicher auch durch äussere Worte und Zeichen, jedoch nicht durch offizielle, und überhaupt ohne bestimmte Voraussetzungen, sozusagen aus heiterm Himmel. Um König oder Priester zu werden, musste einer hingegen Bedingungen erfüllen. Priester und König konnte nicht jeder werden. Dieser Unterschied verunmöglicht es, Propheten und (beamtete) Lehrer gleichzusetzen, wie es in Frage 31 des *Heidelberger Katechismus* geschieht und früher schon im *Zweiten Helvetischen Bekenntnis*, wo es im Kapitel 1 heisst, dass die Predigt des Wortes Gottes durch rechtmässig berufene Prediger in der Kirche Gottes Wort sei.

Die Art seiner Herleitung der Ämter Jesu Christi und ihrer ausdrücklichen Übertragung auf jeden Christenmenschen führt auch Luther dazu, Prophetie und Lehre gleichzusetzen. Luther unterscheidet aufgrund der Würde des Erstgeborenen (Schwarz, *Martin Luther*, S. 282) nicht drei, sondern zwei Ämter Jesu Christi: das königliche und das priesterliche. Das gilt ebenso für alle Christen (ebd.). Das priesterliche Amt ist seinerseits in drei Dienste unterschieden (a. a. O., S. 285): Opfer, Gebet und Lehre. Von diesen treten die *sacerdotes* (Priester), was alle Christenmenschen sind, die Funktion des *ministers* (Dieners, Lehrers) an bestimmte, speziell qualifizierte, dafür von der Gemeinde ausgewählte Leute ab. Zwar sind also alle Christen Priester, aber nicht alle sind Pfarrer (Bayer, *Martin Luthers Theologie*, S. 249). «Der Beruf und Befehl – gemeint ist: durch die Gemeinde – macht Pfarrer und Prediger» (Luther, *Der 82. Psalm ausgelegt*, S. 211), die Priesterschaft hingegen ist ein Stand, durch Gott in der Taufe verliehen. «Alle Getauften sind Priester» (Bayer, *Martin Luthers Theologie*, S. 248). Weil er auf das äussere Wort und Zeichen achtet, das beim prophetischen Amt jedoch kein offizielles ist, verleibt Luther dieses dem priesterlichen Amt ein und bekommt dadurch nur die offizielle öffentliche kirchliche Rede in den Blick.

Gegen den *Heidelberger Katechismus* wie Luther muss gesagt werden, dass die Berufung einiger weniger durch die Gemeinde zur Lehre die Weihe aller Christenmenschen zur Prophetie keineswegs einschränkt und die, welche sie empfangen haben, schon gar nicht veranlasst, ihr prophetisches Amt an irgendjemanden zu delegieren. Wozu einer geweiht ist, das ist undelegierbar, er höre denn auf, ein Christenmensch zu sein. Im Gegenteil: Die Weihe aller Christen zur Prophetie durch die Taufe ist Voraussetzung der besonderen – durch die Gemeinde der Getauften ergehende – Berufung einiger Qualifizierter zur Lehre. Doch dann passt die Funktion der Lehre nicht ins prophetische Amt.

Eben das ist es, was Jeremias Gotthelf auf einem langen, arbeitsintensiven Weg klar wird. Gotthelf nimmt, vielleicht von Calvin, sicher aber aus dem *Heidelberger Katechismus*, den er alljährlich mit den Unterweisungsschülern – widerwillig genug – durchzuarbeiten hatte, die Lehre vom dreifachen Amt Jesu Christi auf und überträgt dieses auf jeden Christenmenschen, ähnlich wie der Katechismus und Luther. Jedoch tut er es in eigenwilliger Weise, nämlich erstens auf die Unterscheidung von Prophetie und Lehre achtend, und zweitens, entsprechend seiner starken Betonung der Schöpfungstheologie, das königliche Amt nicht eschatologisch, sondern schöpfungstheologisch fassend.

Jeder Mensch ist auf seine Weise ein König. Der eine kann melken, die andere dem Gesinde eines Bauernhofs vorstehen, der Dritte kann ein Dorf regieren, die Vierte regiert als Ehefrau den Dorfregenten, ein anderer kann Hebräisch, eine andere ist Expertin in Heilkunst. Gott nimmt durch die Taufe dieses verschiedene Können der Menschen und ihr Reden in Dienst als Teil seiner Regierung der *werdenden* Welt. Das königliche Amt gibt dem Einzelnen unter den Menschen Autorität – dem Bodenbauer in *Uli der Knecht*, Felix ebenso wie seiner Mutter, der Ammännin, in *Die Käserei in der Vehfreude*.

Jeder Mensch kann sprechen, und auch, wenn er nicht sprechen kann, ist er als Mensch ein sprechendes Wesen. Noch ein schweigender Mensch ist sprechend. Gott nimmt durch die Taufe die Sprachfähigkeit des Menschen in Dienst zur Ansage seines im Kommen begriffenen Reiches und zwar in der Form des gleichnishaften Aufweises von dessen stückwerkhafter Gegenwart. Er macht so den Christenmenschen zum Propheten – den Bodenbauer im Gespräch mit seinem Knecht Uli in *Uli der Knecht*.

Jeder Mensch wird vom Leben verbraucht und stirbt. Gott nimmt durch die Taufe das Verbrauchtwerden und Sterben des Menschen in Dienst und macht daraus eine priesterliche, die Autorität des prophetischen Wortes bekräftigende Tat der Hingabe – Ännelis Krankheit und Tod in *Geld und Geist*.

Gotthelfs Unterscheidung klärt, was in der Reformation unklar geblieben ist: Die Lehre der Theologen in der Kirche gehört zum königlichen Amt, nicht zum prophetischen. Das prophetische Amt hat im Unterschied zur Lehre keinen gesetzlichen Rahmen; es ist insofern kein Amt offizieller, das heisst durch Gesetz geregelter Öffentlichkeit. Es schafft sich seine Autorität und Öffentlichkeit selbst.

Wohin es führt, wenn diese Unterscheidung nicht beachtet wird, zeigt Gotthelf am Vikari in *Anne Bäbi Jowäger*. Der junge Mann meint voll theologischen Eifers, in der Gemeinde das Monopol des Wortes beanspruchen zu können, ohne zwischen prophetischem und lehrendem zu unterscheiden. Er reisst in der Seelsorge die – nicht zum königlichen Lehramt, sondern zum prophetischen Amt jedes Christenmenschen gehörige – *promissio* an sich. Damit interpretiert er seinen Titel «Verbi Divini Minister» falsch, verkehrt Dienst in Herrschaft und macht sich zum geistlichen Diktator «seiner» Gemeinde. Das kann nur bei der Verkehrung des Leben schaffenden Evangeliums in tötende Gesetzlichkeit enden. Anne Bäbi will sich nach der vikärlichen «Seelsorge», die in Wahrheit dogmatistische Seelenvergewaltigung ist, umbringen.

Anders der Chef des Vikari, der Pfarrer von Gutmütigen. Er respektiert die Mündigkeit der Christenmenschen in ihrem dreifachen Amt. Darum macht er die Seelsorge nicht grundsätzlich zu seiner Sache. Denn die seelsorgerliche Anrede ist prophetische Zusage, *promissio*. Und die gehört undelegierbar in die Kompetenz jedes Christenmenschen, gerade aber nicht in die amtliche des Pfarrers. Der Pfarrer versteht sich richtig als Diener des göttlichen Wortes, wenn er sich als Helfer der Christenmenschen zu und in ihrer prophetisch-promissionalen Kompetenz versteht.

Die mangelnde Unterscheidung von Prophetie und Lehre macht die Christen mundtot und treibt sie in die Resignation. Denn die Gemeinde lebt nicht vom Kanzelwort. Sie lebt vom prophetischen Wort, das in die Kompetenz jedes Christenmenschen fällt, wozu das Kanzelwort Ermunterung und Unterweisung zu sein hat.

Falscher Zungenschlag

Der *Heidelberger Katechismus* hatte, wie die beiden Katechismen Luthers vor ihm und alle Katechismen seither, eine doppelte Aufgabe. Nämlich Leitfaden zu sein für die Lehrenden und Lehrbuch für die Lernenden. Die Lehrenden – bei Luther die Hausväter und die Pfarrherren – bekamen zu wissen, was sie und wie sie es zu lehren hatten, und die Lernenden, was einem Christenmenschen zu wissen als nötig galt. Für die Lehrenden bestimmte der Katechismus die *loci communes,* die geltenden Grundsätze; er sagte ihnen als mit der Bibel einigermassen Vertrauten, was sie darin suchen sollten und finden würden. Er war erstes Hilfsmittel für Unterweisung und Predigt. Die Predigt sollte eine am Leitfaden des Katechismus orientierte lehrhafte Auslegung eines biblischen Textes sein und ist als solche, gemäss Heinrich Bullingers Randbemerkung im ersten Kapitel des *Zweiten Helvetischen Bekenntnisses,* das Wort Gottes selbst, Gottes Anrede an die Menschen durch Menschenmund, *promissio.*

Wir haben gesehen, dass die Predigt das nicht sein kann. Bullingers Maxime aber ist, mehr oder weniger bewusst, bis heute offizielle theologische Lehre der reformatorischen Kirchen. Und wenn die Predigt im Neuprotestantismus auch nicht mehr als Gottes eigenes Wort verstanden wurde, sondern, bei Schleiermacher beispielsweise, als «Mitteilung des zum Gedanken gewordenen frommen Selbstbewusstseins» (Schleiermacher, *Kurze Darstellung des theologischen Studiums*, S. 108), so blieb doch ihr Anspruch bestehen, das für den Glauben grundlegende Wort und als solches Zentrum des Gottesdienstes zu sein.

Welche Folgen diese falsche Voraussetzung für die Predigt hat, macht Gotthelf am Beispiel einer Konfirmationspredigt und ihrer Wirkung im 14. Kapitel des *Bauern-Spiegel* klar.

«Der Pfarrer sprach nun seine gewohnte Rede, in welcher die Hölle neben dem Himmel und die Teufel neben den Engeln gar gewaltig aufmarschierten; die einen liess er selig singen, die andern brennend heulen und zähneklappern. Und er redete lauter und immer lauter, bis ein Mädchen sein Nastuch nahm und schluchzte; da nahmen alle Mädchen nacheinander die Nastücher und schluchzten, und die Weiber taten ebenso, und auch lauter und immer lau-

ter, und die Tränen rannen häufiger, und die Herzen pochten hefti-
ger, und der Pfarrer donnerte mächtiger; selbst der Himmel wurde
graulich, die Hölle immer furchtbarlicher, das Zittern und Beben
immer gewaltiger, das jüngste Gericht kam näher, immer näher, die
Posaunenengel brachten die Posaunen zum Munde näher, immer
näher, Zittern und Beben erfüllte die Glieder, von dem jüngsten
Gericht glaubte sich alles verschlungen – da pickte des Pfarrers Uhr
die bestimmte Minute. Es schwieg der Pfarrer, es verrannen die Bilder, es trockneten die Tränen, es verhallte das Schluchzen, und der
Pfarrer nahm eine Prise Tabak mit Zufriedenheit, und die Weiber
boten einander ihre Schnupfdrucken mit Behaglichkeit und sprachen: ‹Das war doch schön, dä chas!›»

Der Pfarrer als Schauspieler, die Gemeinde als gerührte oder
ungerührte, am Ende jedenfalls sofort und folgenlos ihre distan-
zierte Contenance wiederfindende Zuhörerschaft. Wer wird hier
kritisiert? Nicht die Weiber, die die Schnupfdrucke zücken. Auch
nicht die Mädchen, die zu Tränen gerührt sind, noch die Männer,
die es nicht so weit kommen lassen. Der Pfarrer? Auch er nicht.
Kritisiert wird der durch die Theologie erhobene Anspruch der
Predigt, das Wort des lebendigen Gottes und seines befreienden
Evangeliums zu sein. Kritisiert wird eine Theologie, die Prediger
und hörende Gemeinde in die Irre führt, weil sie der offiziellen
öffentlichen, also gesetzlich verfassten Rede zuschreibt, was diese
schlechterdings nicht leisten kann.

Um seiner Predigt aufzuhelfen, wo ihr nicht zu helfen ist,
bemüht der Pfarrer Theaterdonner und Tränendrüsen, statt anspre-
chend inhaltsreiche Lehre zu bieten, die nicht mehr als Lehre sein
will. Dadurch wiederum werden die Zuhörer – hier sind's in erster
Linie die Zuhörerinnen – dazu verführt, zu reagieren, als sässen
sie im Theater, und, statt sich in ihrer Mündigkeit bestärken, sich
wohlig manipulieren zu lassen. Wie im Theater mit dem Fall des
Vorhangs die Vorstellung aus ist, so in der Kirche die Predigt mit
dem «Picken» der pfarrherrlichen Uhr. Es ist beiderseits ein Tun als
ob. Es ist Theater, und das ist ausserhalb des Theaters schnell eine
disqualifizierende Bezeichnung. Erst recht noch, da der Pfarrer, wie
Gotthelf unterstreicht, keine Uraufführung oder wenigstens Pre-
miere, sondern eine saisonbedingte Wiederaufnahme bietet.

Kann es anders sein? Es kann bei falscher theologischer Voraussetzung nicht anders sein. Offizielle öffentliche Rede kann gar nichts anderes sein als falscher Schein, wenn sie so tut, als wäre sie das Wort des lebendig machenden Evangeliums selbst. Sie bleibt in Wahrheit das Wort *über* das lebendig machende Evangelium, das durch den falschen Anspruch zu einem Stück tödlicher Gesetzlichkeit pervertiert wird. Da kann der Pfarrer von der Kanzel donnern und rührselig säuseln wie er will; hat er «Amen» gesagt, zücken die Bäuerinnen ihre Schnupfdrucken und beurteilen seine schauspielerische Leistung.

Man wird nicht sagen können, dass es seither besser geworden ist. Predigten, die sich theologisch genötigt sehen, die Gemeindeglieder mit dem Persönlichsten und Kontingentesten anzureden, ihnen die *promissio*, das Wort zum Glauben, zuzusprechen, müssen Nähe vorgaukeln, die sie nicht zu schaffen vermögen. Das beginnt gern mit dem Versuch, mittels einer rhetorischen Frage der Gemeinde eine Gemeinsamkeit einzureden, zum Beispiel ein gemeinsames Interesse unterzuschieben: «Lesen Sie auch so gerne Kriminalromane?» Das ist ein falscher Zungenschlag, Verlogenheit, vornehmlich sich zu erkennen gebend als sprachlicher Kitsch.

Prophetische Anrede

Da gibt es im *Bauern-Spiegel* aber den alten napoleonischen Söldner Bonjour, Mias' Kameraden in fremden Kriegsdiensten, dessen alles andere als katechismuskonformer *promissio* Mias den Glauben verdankt. Bonjour, der «im Lager von Boulogne dem Kaiser das Pferd hielt und bei der Beresina lange von ihm angesehen wurde», und der von sich und Napoleon sagt: «Ja, wir kannten uns, ich und er!» (Gotthelf, *Der Bauern-Spiegel*, S. 234) Er erzählt Mias, wie er auf dem Schlachtfeld bewahrt wurde, sodass er in seinem Innern Gott empfand, «sein Dasein, sein Erbarmen, seine Liebe» (a. a. O., S. 242). Und schliesslich eröffnet Bonjour Mias seine Hoffnung: «Ich will noch Kapitän werden, und du sollst mein Sergeant werden; denn ich weiss, was ich weiss. Ich weiss, dass der Kleine wiederkommt; er ist zweimal gekommen, das drittemal darf er nicht fehlen. Er ist nicht tot, er hat sich nur verborgen, weil die Engländer ihn vergiften wollten, aber er wird kommen, wenn die rechte Stunde schlägt. Und wenn er wiederkommt, muss ich auch da sein; da wird er zu mir sagen: Bonjour, Kapitän Bonjour!» (a. a. O., S. 243)

Was kirchenoffizielle theologisch bemühte Katechetik und schulgerechte Homiletik in ungezählten Unterrichtsstunden und Predigten nicht zustande brachten, geschieht durch die theologisch höchst zweifelhafte Anrede Bonjours, der, ähnlich den Grenadieren in Heinrich Heines Ballade, kaum zwischen dem wiederkommenden Messias und dem wiederkommenden Napoleon unterscheidet – und unter metaphorischem Aspekt sogar nicht einmal ganz Unrecht haben mag. Mias jedenfalls geht das Licht des Lebens auf, in seiner Finsternis wird es Tag, guter Tag, *bon jour*.

Am Ende seines zweiten Romans, *Leiden und Freuden eines Schulmeisters*, ist Gotthelf einen Schritt weiter. Was in der Begegnung von Mias und Bonjour noch einigermassen schleierhaft blieb, nämlich, was genau Bonjour zum Glauben brachte und was überhaupt Glaube ist, beginnt sich zu lichten. Der alte Abenteurer und gesellschaftliche Aussenseiter Wehrdi, eine Figur ähnlich dem Bonjour im *Bauern-Spiegel*, lehrt den Pfarrer und den Schulmeister, beide auf ihre Weise Inhaber des offiziellen Wortes und mit diesem nicht zu Rande kommend, die Welt als Anrede Gottes zu verstehen, also als von aussen kommendes Wort, das ich mir nicht selbst sagen kann, als *verbum externum et alienum*. Freilich wäre hierbei auf Johann Georg Hamanns Einwurf zu hören, dass wir in der Welt als Natur und Geschichte «nichts als Turbatverse und disiecti membra poetae» (durcheinandergeworfene Verse und Glieder eines verworrenen Dichters) vor uns haben (Hamann, *Aesthetica in nuce*, S. 198f.), die wir zwar als Anrede ahnen, aber nicht verstehen.

Das klärt sich im nächsten Buch Gotthelfs, der *Wassernot im Emmental*, das kein Roman ist, sondern ein Bericht, der die Überschwemmungskatastrophe vom 13. August 1837 zum Gegenstand hat. Das Vorwort ist ein Abriss von Gotthelfs Theologie des Wortes Gottes.

«Es gab eine Zeit, wo man ob den Werken Gottes Gott vergass, wo die dem menschlichen Verstande sich erschliessende Herrlichkeit der Natur die Majestät des Schöpfers verdunkelte. Diese Zeit geht vorbei.» Ist es aber noch nicht. Die Verkehrung hatte ihre Wurzeln in ihrem Gegenteil, das ebenso verkehrt und noch nicht überwunden ist. Denn «noch weilt bei vielen der Glaube, das Anschauen der Natur führe von Gott ab, Gott rede nur in seinem geschriebenen Wort zu uns». Das ist offensichtlich der ältere Irrtum des Biblizismus, insbesondere der neuen Orthodoxie, deren Vertreter der Vikari in *Anne Bäbi Jowäger* ist. Im Gegensatz zu ihm, der keine Ohren für die Stimmen der Welt hat, wie auch im Gegensatz zu dem jungen Arzt aus demselben Roman, der keine Ohren für die Stimme der Bibel hat, handelt es sich darum, Ohren zu haben für Gottes «Stimme, die tagtäglich durch die Welten zu uns spricht» und einen Sinn dafür, «dass er im Sichtbaren darstelle das Unsichtbare, dass die ganze Natur uns eine Gleichnisrede sei, die der Christ zu deuten habe» (Gotthelf, *Die Wassernot im Emmental*, S. 7).

Womit? Mit der Bibel, womit denn sonst! Der Christ hat zu deuten, keineswegs etwa nur der Theologe! Darum ist nicht dieser in erster Linie zur Darstellung eines Ereignisses wie der Wassernot berufen, sondern andere, die von Flüssen, Dämmen und Hochwasserschutz mehr verstehen. Aber «da alle schwiegen, versuchte er» – der Theologe Bitzius – «die Darstellung auf seine Weise». Er tut's, um «zur Förderung dieser Kenntnis», nämlich dass die Natur eine Gleichnisrede Gottes sei und der Christ sie zu deuten habe, «ein Scherflein beizutragen» (ebd.).

Es kann nur ein Scherflein sein. Denn: «Das Ereignis an sich war so gross, dass der Mensch umsonst seine Kraft anstrengt, es würdig darzustellen, dass er ein Tor sein müsste, wenn er in seiner Beschränktheit ausschmücken wollte, was der Herr mit flammenden Blitzen ins Gedächtnis geschrieben den Bewohnern des Emmentals.» (A. a. O., S. 8) Es gibt also keine «lehramtlich» endgültige Darstellung der Katastrophe aus dem Mund des Theologen. Dazu hat das Ereignis zu viele Aspekte, die der Theologe gar nicht alle kennen kann. Aber sie alle rufen danach, dass die, denen sie widerfahren sind, sie als Christen deuten. Auch der Pfarrer kann nur eine Teildeutung liefern. Diese ist darin exemplarisch, als sie lehren soll, das Deuten sei Sache jedes Christenmenschen, und zugleich vormacht – gleich Gotthelf in der *Wassernot* – wie solches Deuten aussehen könnte, vor allem, woran es sich orientieren sollte.

Das ist jedoch längst nicht allen Christenmenschen klar. Sie in dieser Kenntnis zu fördern, ist die Aufgabe der theologischen Fachleute. Denn die Christenmenschen sind darin so wenig weit wie jener Knabe, der am Sonntag, im «Fragenbuch», dem Katechismus, lernend im Haus von den Wassern der Emme überrascht wird und sich auf den Brückstock rettet. «Auf dem Brückstock lernte derselbe nun fort und fort in Todesangst und Todesschweiss, bis die Not vorüber war, im Fragenbuch. Das war ein heisses Lernen! Der Knabe nennt es Beten.» (A. a. O., S. 24) Die Katastrophe bringt zusammen, was der Katechismus als getrennt voraussetzt und trotz aller Bemühung nicht zusammenbringt, was aber, da Gott es zusammengefügt hat, der Mensch nicht scheiden soll: Gott und Welt, Bibel und Leben. Da wird aus dem kalten Lernen ein heisses.

Die Szene macht in wenigen Zeilen narrativ deutlich, was argumentierend viele Seiten beanspruchte. Der Katechismus als abstrahierend argumentierende Zusammenfassung der Bibel soll dazu anleiten, die Ereignisse des Lebens biblisch auszulegen. Jedoch bedarf es, damit diese Auslegung gelingt, ebenso der Auslegung der Bibel durch das Leben. Das Leben provoziert mit der Katastrophe die Bibel dazu, Worte der Deutung zu liefern; es macht die Bibel aktuell. Der Katechismus bleibt kein abstrakter Schulstoff mehr; er erweist sich, durch die Welt ausgelegt, als das konkrete Überlebenswort. Und die Worte der biblischen Deutung nehmen dem Ereignis trotz allem Unglück die Ausweglosigkeit der Tragödie. Der Knabe überlebt.

Nach der *Wassernot im Emmental* ist für Gotthelf klar, was er in seinem übernächsten Roman, *Anne Bäbi Jowäger*, im dritten Kapitel des zweiten Bandes, auch diskursiv darlegen wird: Gott hat uns zwei Bücher gegeben, das Buch der Bibel und das Buch des Lebens. Die beiden müssen sich gegenseitig auslegen. Dann wird die Bibel lebendig und die Welt hoffnungsvoll. Was das für die christliche Rede und für die Struktur der christlichen Gemeinde heisst, wird schon einen Roman früher, in *Uli der Knecht* erkennbar. Der Bodenbauer ist ein mündiger Christ, darum braucht er nicht jeden Sonntag zur Predigt zu gehen. Er hört Gottes Anrede als *verbum externum* vermittelt durch die Schöpfung und weiss sie, durch die Predigt angeleitet, mithilfe des aus der Bibel Gehörten zu deuten. Sie ist, im Gegensatz zur Predigt, Gottes eigenes Wort an ihn. Darum «verdampet» er sich auf dem Rundgang über die Felder am Sonntagmorgen, wie er sagt, «mit dem lieben Gott». (Gotthelf, *Wie Uli der Knecht glücklich wird*, S. 16)

Nicht zu deuten weiss diese Anrede sein Knecht Uli. Sie muss ihm gedeutet werden wie vordem seinem Meister. Das geschieht in der Szene des dritten Kapitels, wo der Bodenbauer und sein Knecht nachts auf die Geburt eines Kalbes warten. Uli ist in Gefahr, zu verludern. Sein Meister hat einen günstigen Zeitpunkt abgewartet, um ihm eine «Kinderlehre» zu halten. Jetzt ist er da. Und wie tut es der Meister? Er gibt mit eigenen Worten wieder, was ihn und seine Mitschüler seinerzeit im Konfirmandenunterricht der Pfarrer über das Dienen gelehrt hat. Aus Lehre wird prophetische Anrede. Aus «Wenn-dann» wird «Hier und jetzt».

Sollen das Leben durch die Bibel und die Bibel durch das Leben ausgelegt werden, braucht es dazu sowohl Bibel- wie Lebens- und Weltkompetenz. Die Bibelkompetenz ist in erster Linie die Sache der Schriftgelehrten. Die Lebenskompetenz aber ist so vielfältig, dass sie niemals allein die Sache der Schriftgelehrten sein kann. Es braucht alle Christenmenschen dazu. Und da Auslegung der Bibel durch das Leben und Auslegung des Lebens durch die Bibel nicht voneinander getrennt werden können, müssen die Lebens- und Weltkompetenten so weit in der Bibelkompetenz unterwiesen werden, dass sie selbstständig auszulegen vermögen. Das heisst, sie sollen die verborgenen Elemente des im Kommen begriffenen Reiches Gottes im täglichen Leben erkennen, namhaft machen, den andern zueignen und ihnen dadurch Glauben vermitteln können.

Kreuzigung

«Ich möchte in den Kalender Predigen [sic!] bringen, d. h. hohe Wahrheiten, aber entkleidet von allem Kirchlichen, gefasst in Lebenssprache, wie man sie auf der Kanzel nicht duldet», schreibt Gotthelf am 16. Dezember 1838 seinem Freund und literarischen Berater Carl Bitzius. (Gotthelf, *Briefe. Erster Teil*, S. 282)

Was heisst das über die Lebenssprache auf der Kanzel? Gehört sie nicht dahin, oder lässt «man» sie da nicht zu? In einer Zuschrift an den *Schweizer-Boten* zehn Jahre früher betont Bitzius, «Prediger seien immer nur ‹Ausleger der Bibel› und ‹nichts anderes›» (Franzisca Pilgram-Frühauf, *«Wirklicher Mensch» oder «überirdisches Wesen»?*, S. 95). Von dieser Äusserung her verstanden, will Gotthelf

1838 sagen, auf der Kanzel lege er seinem Amt als Pfarrer gemäss die Bibel und im Kalender lege er seiner Funktion als Redaktor gemäss das Leben aus. Keines von beiden kann er ohne das andere tun. Denn als Pfarrer lebt er in der Welt, und als Kalenderredaktor kann er nicht davon abstrahieren, dass er Pfarrer ist. Gotthelf legt also auf der Kanzel nolens volens die Bibel durch die Welt, im Kalender jedoch im höchsten Masse volens die Welt durch die Bibel aus. «Lebenssprache» ist nur das Zweite. Warum?

Weil das Ziel allen Auslegens das Lebenswort, nicht das Bibelwort ist. In der Formulierung seiner Theorie von der gegenseitigen Auslegung der beiden Bücher, der Bibel und des Lebens, vergleicht sie Gotthelf mit den zwei Augen des Menschen. Das ist insofern etwas schief, als der Auslegungsgrundsatz «Die Bibel gibt dem Leben seine Weihe, das Leben macht die Bibel lebendig» (Gotthelf, *Wie Anne Bäbi Jowäger haushaltet*, S. 64) zwar richtig ist, es aber ja bei der Auslegung ums Leben und nicht um die Bibel geht. Die Bibel ist bloss das Hilfsmittel, dem Leben «seine Weihe», das heisst Verheissung (*promissio*) zu geben. Das Leben soll Verheissung bekommen; die Bibel soll um der Verheissung für das Leben willen lebendig werden.

Dieser dienenden Funktion seiner Arbeit muss der Ausleger der Bibel sich bewusst sein, wenn aus der Bibelauslegung nicht eine Diktatorin und aus dem Bibelausleger kein Seelenvergewaltiger werden soll. Der Bibelausleger hat sich zu bescheiden. Er macht zwar in begrenztem Ausmass, exemplarisch, die Bibel lebendig. Aber Lebenssprache ist seine Rede nicht und soll sie auch nicht sein wollen. Lebenssprache ist die Auslegung der Welt durch alle Christenmenschen aufgrund der exemplarischen Auslegung der Bibel durch die Welt in der Kanzelrede.

Anders kann es auch gar nicht sein. Die Bibel hat einen begrenzten Umfang. Sie ist vielfältig, aber einigermassen überschaubar, so dass ein Mensch sich eine Vorstellung davon machen kann. Das Leben ist nicht überschaubar; wer's dazu machen will, abstrahiert von seiner Vielfalt und vergewaltigt das Leben. Darum braucht es zur Auslegung des Lebens, der Welt, durch die Bibel alle. Zur Auslegung der Bibel durch die Welt genügt eine einzelne Fachkraft, sofern sie sich über die Vielfalt der Welt von den andern unterweisen lässt.

«Verkündigung» im Sinn von Lebenssprache ist also nicht Sache der Fachkräfte, sondern der «Amateure». Sache jedes Christenmenschen, nicht der Bibelexperten. Lebenssprache ist Kompetenz des allgemeinen prophetischen Christenamtes.

Jeremias Gotthelf nennt sich in der Vorrede zur zweiten Auflage des *Bauern-Spiegel* einen «Mann des Wortes» (Gotthelf, *Der Bauern-Spiegel*, S. 384). Dabei hätte er's von seiner Natur her lieber anders. «Es wird mir wirklich manchmal, als möchte ich nichts, als ein wacker Ross und einen guten Säbel und möchte reiten und schlagen gegen Teufel und Welt und möchte fliessen sehen mein schwarz rot Blut in wackerm Streite.» (Gotthelf, *Briefe. Dritter Teil*, S. 208) Aber er wird «zu dieser Kreuzigung gezwungen» (Gotthelf, *Briefe. Erster Teil*, S. 249). «Der liebe Gott versucht halt eine Radikalkur an mir.» (Gotthelf, *Briefe. Zweiter Teil*, S. 114)

Nur wenn der Drang des Menschen des Wortes zum direkten Eingreifen und zur unvermittelten Wirkung gekreuzigt wird und er die Kreuzigung annimmt, also akzeptiert, dass seine Kanzelrede auf Vermittlung durch die Gemeinde angewiesen ist wie das Kreuz Jesu vermittelt Heil verkündet, nur dann überfordert er sein Wort nicht und tut der Gemeinde keine – gesetzliche – Gewalt an.

«Der Mensch des Wortes» (die theologische Fachkraft) muss «gekreuzigt» werden, wenn er Frucht bringen soll. «Der Mensch der Tat» ebenso. Denn wie der Mensch des Wortes seine Eingesponnenheit ins Wort von der Tat des Menschen der Tat durchkreuzen lassen muss, so muss der Mensch der Tat seine Eingesponnenheit in die Tat vom Wort des Menschen des Wortes durchkreuzen lassen.* So entsteht aus parallelen, auf sich selbst bezogenen, einander nie berührenden Monologen ein Dialog, dessen Fruchtbarkeit zum Leben in seiner Kreuzesform liegt. Denn Monologe – auch Monologe der Tat – führen zu Erschöpfung und Tod. Dialog als gekreuz(ig)tes Wort ist Lebenswort.

---

* Siehe die «kreutzweise» Ausmittelung «der tieffsten Erniedrigung und erhabensten Erhöhung beyder entgegengesetzten Naturen» als hermeneutisches Prinzip bei Johann Georg Hamann (Hamann, *Entkleidung und Verklärung. Ein Fliegender Brief an Niemand, den Kundbaren*, S. 407).

Kritik der theologischen Redeformen

Krinein heisst ordnen, scheiden, unterscheiden. Kritik ist Unterscheidung. Nach Luther ist Theologie vornehmlich Unterscheidungskunst. Und wichtigste theologische Unterscheidung für ihn ist die von Gesetz und Evangelium; sie ist die höchste theologische Kunst. Am Anfang der Reformation stehen in Zürich ebenfalls Unterscheidungen. Zum Beispiel die zwischen biblisch Gebotenem als für den Christenmenschen Verpflichtendem und biblisch nicht Gebotenem als nicht Verpflichtendem, oder die Unterscheidung zwischen göttlicher und menschlicher Gerechtigkeit.

Zur Kunst der Unterscheidung gehört auch die zwischen Unterscheidung und Scheidung. Denn was Gott zusammengefügt hat, soll der Mensch zwar unterscheiden, aber nicht scheiden (Markus 10,9). Zum Beispiel den Heiligen Geist und das Wort des Evangeliums. Sie unverbunden nebeneinander zu stellen, wäre «lebensfeindliche ‹Scheidekunst›». Sie in ihrer Verbundenheit zu erkennen, ohne ihre Unterschiedenheit aufzulösen, ist «lebensfreundliche ‹Ehekunst›» (Bayer, *Zeitgenosse im Widerspruch*, S. 12).

Eigenartigerweise hat die Reformation in ihrem Kernstück, der «Verkündigung des Wortes Gottes», aus den geschilderten Gründen nicht differenziert genug unterschieden. Darob musste die nicht delegierbare Mündigkeit und Prophetie jedes Christenmenschen auf der Strecke bleiben, die Predigt musste überfordert werden, und das Evangelium musste sich in Gesetzlichkeit verkehren.

Es ist darum zu fragen nach der richtigen Unterscheidung der theologischen Redeformen und ihrer Fähigkeiten.

Prophetie ist die das Vertrauen zum Gott Jesu Christi weckende und begründende persönliche Anrede und Zueignung des Evangeliums an einen Menschen durch einen mündigen Christenmenschen «wo und wann es Gott gefällt», also wo und wann der Heilige Geist die zwei zusammenführt, wie er in Apostelgeschichte 8 Philippus und den äthiopischen Hofbeamten zusammenführt.

Das geweckte Vertrauen zum Gott Jesu Christi führt den Menschen dahin, wo zwei oder drei in Christi Namen versammelt sind (Matthäus 18,20). Die Gemeindeversammlung ist der Ort der *Predigt*. Das heisst sowohl der erzählenden Tradierung als auch der erklärenden Auslegung der Geschichten von Jesus, ihrer Vorgeschichten und ihrer exemplarischen Interpretation in der paulinischen «Logik des Kreuzes». Die Predigt ist öffentliche Rede in einem offiziellen – wenn auch nicht staatlich offiziellen, jedoch trotzdem gesetzlich verfassten – Rahmen. Die Predigt ist als *Theologie* Sache einer Schriftgelehrten-Aristokratie (Brumlik) und dient der Unterweisung der Christenmenschen in ihrer Mündigkeit, also ihrer prophetischen Redefähigkeit.

Prophetie setzt auch die Fähigkeit voraus, sich mit Texten der Bibel aufgrund exemplarischer Unterweisung selbstständig auseinanderzusetzen. Zu solcher Auseinandersetzung leitet die Predigt die Christenmenschen um ihrer Mündigkeit willen an. Deshalb sorgte die Reformation mit ihren Übersetzungen in die Volkssprachen für eine *offene Bibel*.

Paulus sagt dazu: «Wie sollen sie an den glauben, von dem sie nichts gehört haben? Wie sollen sie hören, wenn niemand da ist, der verkündigt? Und wie soll man verkündigen, wenn man nicht gesandt wurde?» (Römer 10,14f.)

Fazit

Am ersten Fastensonntag 1522, als Meister Froschauer mit Gesellen und Gesinnungsgenossen – darunter zwei Pfarrern – geräucherte Würste verspeiste und damit das Fastengebot brach, sass der dritte Pfarrer, Ulrich Zwingli, nicht mit am Tisch, sondern etwas abseits und ass nicht. Er beobachtete. Als wer und wozu? Als Lehrer, der wachsam darauf schaut, dass die Schüler keinen Unsinn anstellen? Oder als Lehrer, der von seinen Schülern lernen will? Lehrer der hier Versammelten war er in jedem Fall. Immerhin hatten seine Predigten den Anstoss gegeben, dass Froschauer und seine Freunde das Heft in die Hand nahmen und den Fastenbruch vollzogen.

Ob Zwingli sich als Wächter seiner Schüler oder als Schüler seiner Schüler verstand, wird aus der Szene selbst nicht klar. Vermutlich war es das Zwingli und seinen Freunden selbst nicht. Zwei Jahre später jedoch, im *Hirt*, gibt's keinen Zweifel. «Bischof, Wächter und Hirt» nennt der Verfasser gleich im ersten Satz Jakob Schurtanner, Pfarrer im appenzellischen Teufen, dem er das Buch widmet. Gewiss geschieht das vor biblisch prophetischem Hintergrund: «Da erging das Wort des HERRN an mich: Mensch, zum Wächter für das Haus Israel habe ich dich gemacht.» (Ezechiel 3,16f.) Aber mit den drei Begriffen, besonders mit der Metapher vom (sprechen könnenden) Hirten und den (stummen) Schafen, nahm es in den bestehenden «konstantinischen» Strukturen und generell auf das Pfarramt übertragen eine die Christenmenschen im Glauben bevormundende Bedeutung an. Und es dispensierte die Theologen davon, statt nur zur Gemeinde zu reden auch auf sie zu hören. Dabei hat sie theologisch Relevantes zu sagen.

Nur scheinbar anders verhält es sich bei Luther. Im *Sendbrief vom Dolmetschen* (1530) steht der viel zitierte Halbsatz: «[...] den man mus nicht die buchstaben inn der lateinischen sprachen fragen, wie man sol Deutsch reden, wie diese esel thun, sondern, man mus die mutter jhm hause, die kinder auff der gassen, den gemeinen man auff dem marckt drumb fragen, und denselbigen auff das maul sehen, wie sie reden, und danach dolmetzschen, so verstehen sie es den und mercken, das man Deutsch mit jn redet» (Luther, *Sendbrief vom Dolmetschen*, S. 637).

«Auf das Maul *sehen*» heisst nicht: zuhören. Wer dem andern aufs Maul *sieht*, *hört* nicht zu. Er ist taub für das, was der andere sagt; er will nur wissen, wie's der andere macht, nichts Inhaltliches von ihm lernen, bloss Technik.

Jeremias Gotthelf ging bei seiner bäuerlichen Gemeinde nicht nur in die Sprachschule, sondern in die Lebens- und Theologieschule. In seinem Fall ein langer und, am Werk erkennbar, keineswegs schmerzloser Prozess von der äusserst kritischen Haltung den Bauern gegenüber im *Bauern-Spiegel* bis zum grossen Respekt vor ihrer Lebensweisheit in *Geld und Geist*. Wenn Gotthelf dem Freund Burkhalter gegenüber von seiner Schriftstellerei als Kreuzigung redet, ist in erster Linie diese Schule damit gemeint.

Der Pfarrer und der Schulmeister müssen sich von Wehrdi, dem wilden Jägersmann, über Gottes Anrede an die Kreatur durch die Kreatur belehren lassen. Der Pfarrer muss in *Käthi die Grossmutter* von der naiven Grossmutter Käthi lernen, was er an der Weihnacht zu predigen hat. Der Pfarrer ist in *Geld und Geist* darauf angewiesen, dass die Taglöhnersfrau mit ihrer einladenden Geste seine Predigt aus einer allgemeinen Rede zu einer persönlichen Anrede an Änneli macht. Die Gemeindeglieder haben mit dem, was sie reden, substanziellen Anteil an der Verkündigung; ohne diesen kann's die Predigt der Theologenschaft nicht machen. Denn erst die Gemeindeglieder mit ihrem prophetischen Reden «wo und wann es Gott gefällt» machen aus Lehre *promissio*.

Dieser unverzichtbare Aspekt christlicher Verkündigung, der das Evangelium vor der Verkehrung in Gesetzlichkeit schützt, schien beim Fastenbruch von 1522 gebührend beachtet zu werden. Wenn es tatsächlich so war, ging's schnell zu Ende. Das merkten die nachmaligen Täufer, die sich deshalb von den Reformatoren und ihrer Theologie lossagten. Bald ursupierte die Predigt der offiziellen Kirche alle Sprachkompetenz für sich, die Gemeinde jedoch wurde, was den Glauben betrifft, mundtot.

Aus einer andern historischen Situation zu urteilen, ist leicht. Von der andern historischen Situation zu lernen, ist schwer. Es hat den Charakter einer Kreuzigung. Aber aus der Kreuzigung Jesu kommt die Hoffnung des Reiches Gottes.

Zitierte Literatur

Ambrosius von Mailand, Von den Pflichten der Kirchendiener (De officiis ministrorum).

Bayer, Oswald, Promissio. Geschichte der reformatorischen Wende in Luthers Theologie, Göttingen 1971, 2. Aufl. Darmstadt 1989.

Ders., Zeitgenosse im Widerspruch. Johann Georg Hamann als radikaler Aufklärer, München 1988.

Ders., Martin Luthers Theologie. Eine Vergegenwärtigung, Tübingen 2003.

Brumlik, Micha, Vernunft und Offenbarung. Religionsphilosophische Versuche, Berlin/Wien 2001.

Bullinger, Heinrich, Das Zweite Helvetische Bekenntnis (Confessio Helvetica Posterior)

Calvin, Johannes, Institutio Christianae Religionis (Unterricht in der christlichen Religion). Nach der letzten Ausgabe übersetzt und bearbeitet von Otto Weber, 2., durchgesehene Auflage der einbändigen Ausgabe, Neukirchen-Vluyn 1963.

Gäbler, Ulrich, Huldrych Zwingli. Eine Einführung in sein Leben und sein Werk, München 1983.

Gotthelf, Jeremias, Der Bauern-Spiegel oder Lebensgeschichte des Jeremias Gotthelf. Von ihm selbst beschrieben, in: Ders., Sämtliche Werke in 24 Bänden (SW), Erster Band, Erlenbach – Zürich 1921–1977.

Ders., Leiden und Freuden eines Schulmeisters, in: Jeremias Gotthelf, SW II und III.

Ders., Wie Uli der Knecht glücklich wird. Eine Geschichte für Dienstboten und Meisterleute, in: Jeremias Gotthelf, SW IV.

Ders., Wie Anne Bäbi Jowäger haushaltet und wie es ihm mit dem Doktern geht, Zweiter Teil, in: Jeremias Gotthelf, SW VI.

Ders., Geld und Geist oder Die Versöhnung, in: Jeremias Gotthelf, SW VII.

Ders., Käthi die Grossmutter, in: Jeremias Gotthelf, SW X.

Ders., Die Käserei in der Vehfreude. Eine Geschichte aus der Schweiz, in: Jeremias Gotthelf, SW XII.

Ders., Die Wassernot im Emmental am 13. August 1837, in: Jeremias Gotthelf, SW XV.

Ders., Briefe. Erster Teil, Vierter Ergänzungsband, in: Jeremias Gotthelf, SW 4.

Ders., Briefe. Zweiter Teil, Fünfter Ergänzungsband, in: Jeremias Gotthelf, SW 5.

Ders., Briefe. Dritter Teil, Sechster Ergänzungsband, in: Jeremias Gotthelf, SW 6.

Hamann, Johann Georg, Aesthetica in nuce, in: Ders., Sämtliche Werke, II. Band, Historisch-kritische Ausgabe von Josef Nadler, Nachdruck Tübingen/Wuppertal 1999.

Ders., Entkleidung und Verklärung. Ein Fliegender Brief an Niemand, den Kundbaren. Zweite Fassung, in: Johann Georg Hamann, Sämtliche Werke, III. Band.

Der Heidelberger Katechismus.

Hans Rudolf Lavater, Einleitung zu «Der Hirt», in: Huldrych Zwingli, Schriften I.

Luther, Martin, An den christlichen Adel deutscher Nation von des christlichen Standes Besserung, in: D. Martin Luthers Werke, Kritische Gesamtausgabe (WA), 6. Band, Weimar 1888.

Ders., Sendbrief vom Dolmetschen, in: D. Martin Luthers Werke, WA 30 II, Weimar 1909.

Ders., Der 82. Psalm ausgelegt, in: D. Martin Luthers Werke, WA 31 I, Weimar 1993.

Melanchthon, Philipp, Loci communes rerum theologicarum seu hypotyposes theologicae. 1521, Melanchthons Werke, II. Band, 1. Teil, Gütersloh 1978.

Opitz, Peter, Ulrich Zwingli. Prophet, Ketzer, Pionier des Protestantismus, Zürich 2015.

Pilgram-Frühauf, Franzisca, «Wirklicher Mensch» oder «überirdisches Wesen»? Engelsvorstellungen bei Jeremias Gotthelf, in: Jeremias Gotthelf. Neue Studien, hg. von Marianne Derron und Christian von Zimmermann, Hildesheim/Zürich/New York 2014.

Schleiermacher, Friedrich, Kurze Darstellung des theologischen Studiums zum Behuf einleitender Vorlesungen, Kritische Ausgabe, hg. von Heinrich Scholz, Darmstadt, o. J.

Schmitt, Carl, Gespräch über die Macht und den Zugang zum Machthaber, Stuttgart 2008.

Schwarz, Reinhard, Martin Luther – Lehrer der christlichen Religion, Tübingen 2015.

Strübind, Andrea, Eifriger als Zwingli. Die frühe Täuferbewegung in der Schweiz, Berlin 2003.

Zwingli, Huldrych, Die freie Wahl der Speisen, in: Ders.: Schriften I, Zürich 1995.

Ders., Der Hirt, in: Huldrych Zwingli, Schriften I, Zürich 1995.

Nachweis bereits veröffentlichter Texte

Geist und Wurst. Ein Kantatentext
Uraufgeführt am 11. März 2016 in Zürich durch Ulrike Andersen, Edward Rushton und Harry White.

Von unten gesehen. Eine Geschichte aus der Zürcher Reformation
Publiziert in: Käthi Koenig-Siegrist/Peter Opitz (Hg.), Orte der Reformation: Zürich, Zürich 2016.

Zwinglis Nacht. Ein Hörspiel
Publiziert in: Ulrich Knellwolf/Paul Waldburger u. a., Zwinglis Nacht. Zwei Hörspiele und fünf Anspieltexte, Basel 1986.